Nachtfahrten

eines

Taxi-Fahrers

Bibliografische Information der Deutschen Nationalbibliothek:

Die Deutsche Nationalbibliothek verzeichnet diese Publikation

in der Deutschen Nationalbibliografie; detaillierte bibliografische

Daten sind im Internet über http://dnb.dnb.de abrufbar

Herstellung und Verlag

BoD - Books on Demand, Norderstedt

ISBN: 9783738656978

Es gibt viele Wege im Leben,
die man gehen kann.

Der Beste ist wohl der,
der am Ende glücklich macht.

Auf der Basis von wahren Begebenheiten sind die nachfolgenden Geschichten mit Orten und Personen reine Fiktion.

INHALTSVERZEICHNIS

VORWORT VON KAI

Ich bin Kai und gehe langsam auf meinen letzten Lebensabschnitt zu. Dass „Kai" nur ein fiktiver Name ist, muss ich wohl nicht extra erwähnen.

Mein bisheriges Leben verlief ganz normal: glückliche Jugend, Schulbesuch, Lehre, Grundwehrdienst, Beruf, Heirat, zwei Kinder - wie sich das so gehört, natürlich zuerst einen Jungen und dann ein Mädchen, Hausbau, berufliche Pleite und Weitermachen, Scheidung, ein paar feste Beziehungen, durch "Burn out" arbeitslos . . .

Also, wie gesagt - ein ganz normales Leben.

Aber als ich an diesem Punkt angekommen war, wurde mir bewusst, dass es nur mit *wieder Aufstehen* nicht getan war. Jetzt musste ich es endgültig RICHTIG machen.

Also fragte ich mich:

Was will ich wirklich?	So genau weiß ich das gar nicht.
Was macht mir Spaß?	Autofahren, ja.
Wozu habe ich Lust?	Mit Menschen 'arbeiten', aber nicht im Pflegeberuf.

Es sollte etwas sein, wobei ich das Angenehme mit dem Nützlichen verbinden kann.

Ich lebe seit einiger Zeit in Wobbenbüll im Halebüller Weg, das liegt so gleich nordwestlich von Husum. Hier an der Nordsee kann man sich so richtig den Wind um die Nase wehen lassen. Und der macht auch den Kopf frei. Also setzte ich mich in mein Auto und fuhr direkt ans Meer. In der Hoffnung, dass ich im Sturmgebraus die Stimme höre, die mir meinen weiteren Weg weist. Aber dem war leider nicht so. Nur, dass mein Kopf kalt wurde, weil ich keine Mütze aufgesetzt hatte, meine Hände steif, weil die Taschen meiner Jacke zu klein waren, um sie zu wärmen und ich wieder einmal soweit war, fast den Mut zu verlieren. Aber eben nur fast - wie bisher immer, nur fast! Da das nun alles nichts gebracht hatte und es mir am Strand wirklich zu ungemütlich wurde, fuscherte ich mich querab Richtung Straße durch, um auf dieser - ohne ein Ergebnis gefunden zu haben - zu meinem Auto zurück zu gehen. Da hörte ich von hinten ein Fahrzeug kommen. Ganz spontan drehte ich mich um, vergaß mein Alter und hob den Daumen, so wie ich es in der Jugend oft gemacht habe. Das schwarze Auto fuhr vorbei. Einfach so. Als ob ich dort gar nicht gehen würde. Also, ICH hätte jetzt gestoppt und den Anhalter mitgenommen. Etwas enttäuscht schaute ich dem Auto hinterher und dabei fiel mir das erleuchtete Schild auf dem Dach auf: " Taxi ".

TAXI

DAS IST ES!

Ich weiß, was ich wirklich will. Jetzt weiß ich
es genau!!

Mein Entschluss stand augenblicklich fest. Hier habe ich mit Menschen aller Kategorien zu tun und ich fahre für mein Leben gern Auto. So kann ich das Angenehme doch noch mit dem Nützlichen, nämlich dem Broterwerb verbinden.

Ich habe den Personenbeförderungsschein "gemacht" und die Ortskunde-Prüfung abgelegt.

Ich finde eine Anstellung beim Taxi-Unternehmen Stannt in Husum/Schwesing an der B 201. Aus meiner Sicht ist Hobby jetzt Beruf. Für mich gibt es nichts Besseres.

Da ich bindungslos bin, übernehme ich immer öfter, auch an Wochenenden, die Nachtschichten meiner liierten Kollegen. Nachts, das gefällt mir, auch - ehrlich gesagt - weil es da immer besseres Trinkgeld gibt.

Nun bin ich ein offizieller Nachtfahrer!

Aber selbstverständlich springe ich in der Urlaubszeit oder bei Engpässen auch am Tage ein.

Und weil mir all das, was ich mit meinen Fahrgästen erleben darf, immer wieder zeigt, wie facettenreich das Leben ist und wie unterschiedlich Menschen sind, werde ich so lange Taxi fahren wollen, wie es mir möglich ist.

ANGEFANGEN

hat Alles mit einer Abhol-Tour vom "Flieger" in Hamburg, die ich wegen Urlaubszeit am Tag übernommen habe. Es ist Juli und gut, dass das Auto eine Klimaanlage hat. Die Tour ist nicht so gut, weil es sich um die Rücktour einer bestellten und bereits bezahlten Hin- und Rückfahrt handelt. Da ist mit Tipp wohl nichts drin. Den bekommt meistens der *Hin-*Fahrer. Ich stehe etwas abseits vom Flughafen, damit keine Parkgebühren anfallen und warte bei einem Kaffee auf meinen Einsatz durch die Zentrale, um zum Terminal zu fahren und den Fahrgast direkt abzuholen. So ist das immer abgesprochen und funktioniert auch reibungslos.

Dann werde ich gerufen. Ich fahre also zum Terminal 1, ganz hinten ist der Treffpunkt. Da kann man sich am wenigsten verpassen. Ja, richtig. Da steht auch schon ein kleiner Koffer. Und dahinter eine kleine Frau. Sie macht einen zufriedenen und relaxten

Eindruck. Anders als manche Fahrgäste, die mit 'runterhängenden Mundwinkeln dastehen und denen man ansieht, dass sie sauer sind, jetzt schon 185 Sekunden auf ihr Taxi warten zu müssen, wo sie doch noch so viel *auf'm Zettel* haben, was dringendst abgearbeitet werden muss.

Ich sage artig „Moin" und verstaue den Koffer. Sie setzt sich derweil auf den Beifahrersitz. Das hätte ich jetzt nicht gedacht. Während ich einsteige und losfahre nenne ich das Fahrtziel und bemerke nebenbei, dass ich ganz in der Nähe wohne, bestätige ihr, dass alles bezahlt ist und frage, wo sie her kommt - alles in einem Atemzug. Sie schmunzelt und legt los: Nizza, Freunde, Arbeitshilfe bei Wiederaufbau wegen Naturkatastrophe und und und. Ich bemerke versonnen: „Schön, wenn man solche Freunde hat". Wir erzählen gegenseitig, der andere hört zu. Wir kommen von Höckschen auf Stöckschen, und sind sehr offen zu einander. Durch einen Fahrzeugbrand auf der A23 stehen wir im Stau. Dadurch haben

8

wir etwas mehr Zeit und *offenbaren* uns -
beide, irgendwie liegen wir auf einer
Wellenlinie, wir verstehen uns. Und am Ende,
als ich sie zu Hause absetze, kennt Jeder das
halbe Leben des Anderen.

Die Fahrt hat mir richtig Spaß gemacht.

Drei Tage später begegnen wir uns im Ort.
Nach kurzem Austausch, was wir
zwischenzeitlich gemacht haben, verabreden
wir uns für ihre nächste "Flieger"-Fahrt,
demnächst. Sie ist viel auf Reisen.

Wieder ein paar Tage später stehen wir uns
beim Einkaufen gegenüber und beschließen,
einen Kaffee zu trinken. Jeder Einen, versteht
sich. Dabei stellt sie fragend fest:

„Du erlebst doch sicher 'ne Menge, so auf
deinen Fahrten".

„Ja, da erleb' ich schon 'ne Menge" und
erzähle ihr die kleine Geschichte vom
KLAPPERSTORCH und dass es für mich
beruflich nichts Besseres als Taxifahren gibt.

Und dann platzt es einfach so aus ihr heraus:

„Wollen wir das nicht einfach 'mal alles aufschreiben?"

„Das wäre 'ne tolle Sache, daran hab' ich auch schon mal gedacht" antworte ich spontan. „Ja, lass uns das alles aufschreiben".

Beschlossen!
Hand drauf!
Besiegelt!

BIERSEELIG UND ÜBERRASCHT

Ich sitze in *meinem* Taxi und warte darauf, eingesetzt zu werden. So rumsitzen ist nicht mein Ding. Es sieht aber heute so aus, als ob es leider eine ruhige Nacht wird.

Gegen 21:00 Uhr ruft Henner mich auf meinem Handy an. Henner ist ein Fahrgast, der sich auf mich *eingeschossen* hat. Er will immer nur mit mir fahren, weil er weiß, dass er mir vertrauen kann. Deshalb ruft er mich privat an und ich versuche, seinen Fahrtwunsch zu erfüllen. Er nimmt auch Wartezeit gern in Kauf. Ich gebe diese Fahrt dann der Zentrale weiter, damit sie für mich eingetragen wird. So mache ich es jetzt auch und fahre zu Henners Wohnadresse. Ich weiß ja, wo er hin will, heute ist Mittwoch.

„Zum Sauna-Club, wie immer", sagt er beim Einsteigen und „Moin, dann mal los."

„Ist heute wieder schwitzen angesagt?" frage ich ihn.

„Ja, weißt du doch. Aber meistens erst richtig hinterher", antwortet er schelmisch lächelnd.

Ich setze ihn am Sauna-Club ab und rufe ihm noch zu:

„Ruf an, wenn du nach Hause willst".

Nach ein paar Klein-Klein-Touren stehe ich wieder gelangweilt am Stütz und harre der Dinge, die da kommen. Gerade als ich ausgestiegen bin, um eine Zigarette zu rauchen, werde ich von der Zentrale in die stadtbekannte Bier-Kneipe geschickt: Fahrgast nach Hause. Okay. Vor der Kneipe warte ich und sehe auf die Uhr. Es ist halb Eins. Dann gehe ich hinein und rufe ins Rund „Taxi?". Der Raum ist gut besetzt. Irgendwo ganz hinten hebt sich ein Arm mit ausgestrecktem Zeigefinger.

„Hier, ich komme gleich, muss nur noch austrinken".

Und das dauert. Gegen zehn vor Eins wühlt er sich zur Tür durch.

„Wir können", grinst er mich bierseelig an und nennt mir die Adresse. „Auf geht's."

Während ich fahre, ruft mich Henner an. Das Handy läuft im Auto natürlich über Bluetooth.

„Kai, kannst du mich bitte gaanz schnell abholen" und nennt mir eine Anschrift, die ich nicht kenne.

„Hab' grad 'n Fahrgast. Aber dann komme ich sofort".

„Bitte, bitte mach, so schnell es geht. Ich kann nicht mehr!" bettelt Henner kläglich.

„Was ist passiert?" frage ich

„Frag nicht - mach!!!"

Nun bin ich auch schon an der Adresse meines Fahrgastes angekommen und nenne den Fahrtpreis.

„Okay", sagt er „ich geh' mal eben das Geld holen. Und dann kannst du mich weiter nach Niebüll fahren".

Ich sage erst einmal gar nichts und lasse ihn auf das Haus zugehen, um das Geld zu holen. Weiterfahren werde ich ihn bestimmt nicht, der hat für heute genug und außerdem: da ist ja auch noch Henner. Henner in Not?

Ich sehen meinen Fahrgast klingeln, oder? Wo hat der denn den Finger. Ich sehe den Klingelknopf über seiner Hand. Dann kann ja auch niemand öffnen, wenn er nur gegen die Wand drückt.

„Höher", rufe ich ihm zu.

Er dreht sich um, kapiert sogar und findet nun den Klingelknopf. Ihm wird geöffnet, er verschwindet hinter der Tür und erscheint wenig später wieder, schwankend mit Geldscheinen in der wedelnden Hand.

„So, nun kann es weiter gehen", lallt er strahlend und lässt sich in den Sitz fallen.

Tja, nun sitzt er wieder und mein Handy klingelt: Henner.

„Wo bleibst du? Ich kann nicht mehr! Komm sofort, bitte", bettelt er.

„Du willst jetzt nicht wirklich nach Niebüll?" frage ich meinen Fahrgast und schlage schon mal die Richtung zur von Henner angesagten Adresse ein.

„Nee, eigenlich nich. Nur irgenwo hin, wos noch Bier gibt."

Da passt gut, an der nächsten Ecke ist eine Kneipe. Ich halte an, er bezahlt die gesamte Fahrt auf den Cent genau, steigt aus und torkelt auf die Kneipentür zu. Na, denn mal gut Schluck. Ich gebe Gas. Henner wartet.

Endlich komme ich in die von Henner genannte Straße und finde auch die Hausnummer. Von Henner keine Spur. Was macht er hier, warum ist er nicht im Sauna-Club wie immer. Ich steige aus und gehe auf das Haus zu. Da springt Henner etwas gebückt aus den Büschen und flüstert:

„Nein, nicht ins Haus. Mein Gott ist mir das peinlich".

Jetzt, im Schein der Straßenlaternen sehe ich, dass Henner nur einen flotten, roten Pulli trägt, aber keine Hose. Unter dem linken Arm trägt ein Bündel. Ich schaue an seinen Beinen von den Schuhen her hinauf.

„Jaa, mehr ist da nicht. Darf ich mich trotzdem setzen, sauber ist alles. Aber es rumort schon wieder in den Gedärmen. Fahr mich bloß schnell nach Hause, ganz schnell."

Das kriege ich hin. Ich kenne Schleichwege. Bevor Henner sich setzt, breite ich noch vier Tempos für ihn auf dem Sitz aus. Und nun erzählt er mir, was ihm passiert ist:

„Im Sauna-Club gab's wie immer leckere Häppchen und Sekt, damit sich das Schwitzen auch lohnt. Und ich hatte mir da heute so ein niedliches, naives Mäuschen ausgesucht. Die hat mich mit den Häppchen gefüttert. Das hat richtig Spaß gemacht. Dann meinte sie, hier wäre es zu nass, zu warm und zu laut. Bei ihr wäre das alles viel gemütlicher. Also sind wir zu ihr. Das mach ich sonst nie. Du holst mich doch auch immer vom Club ab. Wir waren noch gar nicht ganz im Haus, da überkam es mich und ich fragte zwischen den Zähnen hindurch nach der Toilette. Die war zwar nicht weit entfernt, aber für mich viel zu weit weg. Na, was soll ich sagen, das Malheur traf mich überraschend, als ich die Türklinke in der Hand hatte. Drinnen habe ich mich gründlich gereinigt, nur meine Hosen konnte ich so nun wirklich nicht wieder anziehen.

Ich packte sie, so gut es ging zusammen und trat wieder in den Flur. Wo bleibst du denn? Flötete die Süße. Ich komme gleich, flötete ich zurück und habe mich leise, ganz leise aus dem Staub gemacht, hinter den Büschen versteckt und auf dich gewartet. Irgendwas muss mit den Häppchen gewesen sein. Mir ist immer noch schlecht."

Als wir bei Henner zu Hause ankommen, lässt er außer dem Fahrpreis auch noch ordentlich Tipp da. Er fleht mich an:

„Das behältst du aber für dich - klar?"

„Selbstverständlich, ist doch Ehrensache!"

Na dann Henner, bis zum nächsten Mittwoch.

IM "BIER-STÜBCHEN"

Ich bin Bayern-Fan mit Leib und Seele, durch und durch. Und immer wenn ich nach einem Heimspiel aus München zurückkomme, bringe ich mir einen Fan-Artikel aus dem Bayern-Shop mit: Kaffee-Becher, Hausschuhe, eine warme Jacke und immer wieder Binder. Ich liebe diese Schlipse und habe schon einige davon. Da ich im Anzug Taxi fahre, gehört auch ein Schlips zum Hemd, bei mir natürlich immer ein Bayern-Binder.

Im Ort gibt es eine HSV-Fan Kneipe, das 'Bier-Stübchen', dessen Schankraum aber auch von allen besucht werden darf, die sportlich anders oder gar nicht orientiert sind. Der VIP-Bereich der HSV-Fans befindet sich im Hinterzimmer.

Immer wieder werde ich wegen meiner Bayern-Binder veräppelt, wenn ich Fahrgäste abhole. Es wurde auch schon mal geäußert

„Irgendwann schneiden wir dir das Ding ab".
Na ja, ich lächle und sag nichts dazu. Lieber ist hier wohl besser.

Eines Abends soll ich aus dem ʻBier-Stübchenʻ einen Fahrgast abholen. Finde direkt davor einen Parkplatz und gehe hinein. Bei Jutta, der Wirtin, melde ich mich. Sofort zieht sie mich wieder mit meinem Schlips auf: „Mensch Kai, du siehst ja heute wieder richtig gut aus. Ach nee entschuldige, ich hatte den Schlips nicht gesehen".

Als sie mir ein Glas Cola über den Tresen reicht und ich auf den Fahrgast warte, bemerke ich zwei etwas angetrunkene HSV-Fans, die tuscheln, lachen und immer wieder zu mir rüber sehen. „heut is er fällig", höre ich aus dem Kauderwelsch heraus. Die beiden kommen auf mich zu. Der Stämmigere nimmt mich mit einem Arm in den Schwitzkasten und fordert Jutta auf:

“Gib mal ʻne Schere".

Der Andere etwas kleinere, packt meine Arme und hält sie auf dem Rücken fest. Die Wirtin lacht und gibt die Schere. Ich bleibe ruhig und mache nichts, außer Lächeln. Jutta zieht den Binder straff und der Stämmige schneidet ihn mit der freien Hand ab. Ich bleibe immer noch ruhig und mache nichts. Die Beiden sehen sich verdattert an, dann mich und dann wieder sich. Als von mir immer noch nichts anderes kommt, als Lächeln, schlagen sie sich gegenseitig erlösend auf die Schultern und bestätigen wort- und gestenreich, wie toll sie sind. Lachen sich schlapp, weil ich das alles so über mich ergehen lassen habe und können sich gar nicht wieder einkriegen.

Nun ist es genug. Ich beuge mich über den Tresen und raune Jutta zu: „Morgen komm' ich mit dem Verpackungskästchen. Da steht noch der Preis drauf. 35 Euro. Halt die schon mal bereit".

Mein Fahrgast hat sich das alles amüsiert mit angesehen. Nun aber will er nach Hause und wir gehen. Drinnen wird immer noch schadenfroh gelacht.

Am nächsten Abend stehe ich wieder im 'Bier-Stübchen', natürlich mit einem anderen Bayern-Binder, sage höflich „Moin Jutta" und schiebe kommentarlos das Verpackungspäckchen mit dem Restschlips und dem Preisaufkleber nach oben über den Tresen. Genauso kommentarlos schiebt sie mir 35 Euro und ein Glas Cola zurück. Dann sagt sie:

„Das war uns der Spaß wert".

Mir auch, denke ich, beim nächsten Heimspiel MEINER Mannschaft bringe ich Ersatz mit. Wir lächeln uns an. Die Sache ist damit für mich erledigt, aber Jutta sagt noch:

„Du Kai, die Geschichte war gestern ja nicht zu Ende. Nee, wir wollten unseren Heimsieg richtig auskosten. Auf einem Metallaschenbecher haben wir das Stück verbrannt. Die Asche sollte vor der Tür in alle Winde zerstreut werden. Es dauerte ein, zwei Bierchen, bis es Asche war. Und als ich dann genau hinsah, war dein Bayern-Emblem noch immer unversehrt. Da kannst du dir echt was drauf einbilden. Ich hab das aber lieber schnell verschwinden lassen".

Seit diesem Vorfall werde ich im 'Bier-Stübchen' gar nicht mehr gern gesehen. Und auch bei Fahrtverteilung durch die Zentrale werde ich zur Pause *verdonnert,* wenn ein Fahrgast aus dem 'Bier-Stübchen' abgeholt werden möchte - obwohl ich dran bin. Ein Kollege bekommt dann diese Tour.
Fanatismus war noch nie was Gutes.

DAGOBERT

Bei uns in Husum gibt es ein schwimmendes Restaurant, also auf einem Schiff. Ich werde in den Hafen geordert um Fahrgäste aufzunehmen, die ich nach Kiel bringen soll. Haben die da keine Hafenrestaurants? frage ich mich.

Vor dem Schiff stehen drei Männer. Alle so um die 80 Jahre alt. Ich muss mich korrigieren: zwei Männer und ein Herr. Die beiden Männer machen äußerlich einen ganz *normalen* Eindruck. Der eine trägt eine 'Prinz Heinrich-Mütze', eine olivgrüne Lodenjacke und dazu eine umbrafarbige Cordhose. Der andere hat einen farblich nicht erkennbaren Cord-Hut auf dem Kopf und trägt eine braune Windjacke zur schwarzen Stoffhose. Sie sind fröhlich, na ja denn. Der Herr trägt einen dunkelblauen Blazer aus gutem Tuch, das ist zu sehen. Darunter einen Rolli - sicher aus weichem Kaschmir, eine mittelgraue Hose aus ebenso gutem Tuch wie der Blazer mit messerscharfer Bügelfalte. Die Schuhe, na über die Schuhe brauchen wir gar nicht zu reden – sie sehen handgemacht aus. Vielleicht alles Gucci, Lagerfeld, *Leonardo DiCapricio* oder so. Ja, da steckt Geld, das ist unübersehbar.

Der Herr - ich nenne ihn mal Dagobert - öffnet die Tür für die Rücksitze, einer steigt ein, der andere geht auf die Fahrerseite, öffnet die hintere Tür selber und steigt von dort ein. Dagobert hat es sich schon auf dem Beifahrersitz gemütlich gemacht. Er sagt an: „Nach Kiel, bitte. Gemütlich aber zügig".

Ich fahre los, gemütlich und zügig. Dagobert dreht sich zu mir und fängt an, zu erzählen: „Wir sind gute Kumpels, haben früher zusammen auf der Werft gearbeitet, bis ich mich selbständig gemacht habe. Die Freundschaft ist geblieben. Ein- zweimal im Jahr treffen wir uns und fahren gemütlich mit der Bahn nach Husum, um hier schön zu Essen und zu Trinken und alte Geschichten zum xten Male zu erzählen und zu hören. Ich lade meine alten Kumpels jedes Mal für den ganzen Tag ein. Das ist mir die Freundschaft wert. Und nach Hause geht es immer mit dem Taxi, denen will ich auch was zukommen lassen.

Übrigens, ein sehr gepflegtes Taxi ist das. Und sie, sie könnten auch gut ein Privat-Chauffeur sein, wenn das Schild da oben nicht wäre".

Im Stillen denke ich ehrlich schon an ein saftiges Trinkgeld und biete eilig an:

„Wenn sie es wünschen, kann ich das Schild auch schnell entfernen".

„Nee, ich sitze ja drinnen, da seh' ich das sowieso nicht".

Die Beiden auf dem Rücksitz sind still.

Dagobert erzählt, das er 82 Jahre alt ist und sich aus *der Scheiße* rausgearbeitet und erst spät geheiratet hat, erst als er genug Geld für alles hatte. Er hat drei gutgeratene Töchter, die alle mit Männern in gehobenen Positionen verheiratet sind. „Na ja, Geld gehört zu Geld" bemerkt er, als der mit dem Cord-Hut fragt:

„Was macht denn eigentlich deine Jüngste, die Svenja. Da war das mit der Ehe doch nicht so in Ordnung?"

„Ach der geile Eitling. Svenja hat sich auf mein Anraten hin von dem scheiden lassen. Wer weiß, wie vielen der schon unter die Röcke gegangen ist. Besser so. Die Penthouse-Eigentumswohnung für 370.000 Euro war natürlich noch nicht bezahlt. Ich habe dem Affen 160 Tausend auf die Hand gegeben und ihn in den Wind geschickt. Jetzt kann Svenja erst 'mal ihr Leben leben und genießen. So wie ich das jetzt auch mache. Fahr immer dreimal im Jahr auf die Malediven, aber mindestens für sechs bis acht Wochen. Die Zeit brauche ich in meinem Alter schon für die Erholung."

Und genießend fügt er hinzu:

„Da lasse ich mich dann richtig verwöhnen. Koste es was es wolle". Die Worte lässt er so richtig auf der Zunge zergehen und erzählt weiter, dass er in einer *guten Gegend* von Kiel wohnt, fast schon etwas Schicki-Micki und dass ein aufgemotzter Porsche-Cayenne in der Dreier-Garage neben der Villa steht.

An der Stadtgrenze von Kiel weist Dagobert mich zum Hauptbahnhof. Hier steigen seine beiden Kumpels aus aber nicht, ohne sich bei ihrem Freund überschwänglich zu bedanken und - mein sauberes Taxi zu loben. Dankeschön. Nun nennt Dagobert mir seine Wohnanschrift, ich gebe sie in mein Navi ein und fahre los. Die Adresse befindet sich in einer Villen-Gegend. Ein Haus größer als das andere schöner ist. Schade, im Dunkeln kann man das leider alles nicht so gut erkennen. Ich finde die in goldfarbigen Zahlen an der weißen Umgebungsmauer des Grundstücks angebrachte Hausnummer, halte vor einem geschmiedeten Tor und sehe Dagobert fragend an. Der greift in die Tasche seines Blazers, holt die Fernbedienung heraus und drückt auf den Knopf. Das Tor öffnet sich majestätisch langsam. Ich fahre das Taxi genauso langsam über den breiten, gepflasterten Weg circa 80 Meter bis zum

Haus, nein bis zur Villa. Und je näher wir kommen, desto mehr Lampen beleuchten und erhellen diese.

„Na Herr Chauffeur, wieviel macht's denn?" fragt Dagobert jovial.

„Siebzigdreißig" sage ich in freudiger Erwartung seehr höflich.

Er greift diesmal in eine Innentasche des Blazers und befördert einen 50er, einen 20er und einen 5er zu Tage, reicht mir die drei Scheine gebieterisch herüber, sagt kumpelhaft:

„Mach mal einundsiebzig" und hält wartend die Hand für das Wechselgeld auf.

Ich fühle mich vom Anblick der Villa und allem drum herum noch immer wie im Märchen, Dagoberts Berichte über Geld, das man hat und auch darüber spricht noch im Kopf. Aber das jetzt, das bringt mich sofort - wie eine platzende Seifenblase - wieder auf den Boden der Tatsache zurück. Ich gebe ihm sehr langsam in meinem Kleingeld kramend drei einzelne Euro, zwei fünfzig-, zwei zwanzig-, zwei zehn- und zwei fünf-Cent

Stücke zurück. Ich genieße es. Er steigt aus. Eiligst fahre ich mit dem Taxi die Auffahrt hinunter und verlasse das Grundstück durch das geschmiedete Tor, das sich sofort danach schließt.

Jetzt wage ich wieder zu atmen und denke so bei mir: reich wird man also nicht durch Arbeit und dem Verdienst daran, sondern durch Geiz.

Das soll mein Motto nicht sein.

Ich fahre *schnellstens* zum Stütz nach Husum und melde mich schon rechtzeitig *im Lande* zurück, damit ich mit neuen Fahrten und dem dafür gerne gegebenen Tipp zwar keine Villa erwerben, aber meinen Lebensunterhalt etwas aufbessern kann.

DISPONENT BRUNO

Wenn Bruno zur Nachtschicht den Raum betritt, interessiert es ihn ein einen *feuchten Kehricht,* ob wir anderen gerade im Gespräch vertieft sind. Er redet einfach drauf los, egal, ob es uns passt oder nicht. Dann verstummt jedes angefangene Gespräch. Was Bruno sagt und meint, ist am Wichtigsten. Auch wenn es sich nur um die Eierpreise von Bauer Sellhorn handelt. Ja - und er weiß alles besser, immer . . ., glaubt er.

Bruno ist nicht mehr der Allerjüngste und auch nicht der Schnellste. Sein Standpunkt: in der Ruhe liegt die Kraft. Und wir Nachtfahrer fragen uns: welche Kraft?

O-Ton Bruno: „In jüngeren Jahren bin ich selbst Taxi gefahren. Ich habe also Erfahrung. Ich weiß, was ich mache und - vor allen Dingen - warum ich es mache".

Okay, Bruno ist auch Taxi gefahren, aber wo? Nicht in Husum und drumrum! Und obwohl er hier seit vielen Jahren direkt im Ort lebt, kennt er die Gegend nicht. Wenn ein Taxi telefonisch zu einer bestimmten Adresse geordert wird, muss er erst nachfragen, wo das ist. Und dann sagt er, dass das Taxi in 20 Minuten da ist. Selbst wenn er in aller Gemütsruhe diese Tour an einen von uns weitergibt - seltsamerweise immer an den, der am weitesten von der Zieladresse entfernt ist - steht das Taxi in 5 Minuten vor der Tür. Andersherum passiert es aber auch: Bruno gibt 5 Minuten Wartezeit an und es dauert 20 Minuten, weil er einen Fahrer gewählt hat, der nun wirklich unheimlich weit entfernt ist.

„Der war doch dran!"

Ja, mein Gott, irgendwo gleicht sich das doch immer wieder aus. Und wir verdienen das Geld für unseren Chef nicht nur mit Fahren; nein, auch mit Sparen.

So sind da zum Beispiel einmal zwei Touren gleichzeitig. Als Fahrer hat Bruno diese Nacht nur Christian und mich zum Einteilen. Christian ist gerade in Olderup und ich in

Esperstoft. Bruno schickt Christian nach Süderhackstedt und mich nach Oster-Ohrstedt.

Ja, für mich ist die Entfernung fast gleich, ob nach Süderhackstedt oder Oster-Ohrstedt. Aber Christian muss viel weiter von Olderup nach Süderhackstedt fahren. Nach Oster-Ohrstedt kann er fast *spucken*. Wir beschließen über Funk, die Touren zu tauschen. Und dann kommt Bruno:

„Ihr fahrt, wie ich es sage. Ich bin der Disponent. Ich lasse mich nicht bevormunden. Ich bin selbst Taxi gefahren".

„Jaaa",

kommt es fast gleichzeitig von Christian und mir. Wir sind uns stillschweigend einig. Er fährt meine und ich seine Tour.

Wenn Bruno dies *Geschiebe* doch bemerkt, beschwert er sich mit den Worten:

„Ich fühle mich gemobbt, das lasse ich mir nicht bieten".

Schade, dabei fanden wir das einfach nur einfacher.

Ja, Bruno vergisst auch mal Vorbestellungen anzusagen, die schon am Morgen hereingekommen sind und an der Pin-Wand hängen. Dann wird es oftmals eng. Aber das gleichen wir mit etwas *mehr Gas* wieder aus.

Das ist dann kein Mobbing (das *Getausche* ja auch nicht)! Nein, das ist selbstverständlich.

Einmal, zum Beispiel, schickt Bruno mich zum Flieger nach Hamburg. Auf der Autobahn frage ich über Funk an:

„Bruno gib' mal die Flugnummer, den Abflugort, und die geplante Ankunftszeit durch".

Stille im Funk.

„Bruno!?!"

„Ja".

Stille im Funk.

„Bruno, was iss?" und

„Bruno, ist was passiert?" fange ich an, mir Sorgen zu machen.

„Neee, ich hab hier nur die Flugnummer" und gibt sie mir durch.

Anhand der Flugnummer, die aus Buchstaben und Zahlen besteht, kannst du auch die Airline erkennen. Aber Bruno gibt mir nur eine nackte Nummer durch, keine Buchstaben. Okay - es wird sich schon finden. Ich bin rechtzeitig am Flughafen und kann in aller Ruhe in den Terminals erkunden, welche Flug-Gesellschaft mit der mir durch gegebenen Nummer arbeitet.

Fehlanzeige. Auf gesamte Linie. Ich rufe Bruno über Handy an:

„Bruno, geht nicht irgendwo daraus hervor, woher der Flieger kommt. Die Nummer, die du mir gesagt hast, gibt's gar nicht".

„Warte mal",

ich warte, warte, höre Geraschel, Hundebellen. Das war Brunos Hund Toby, sein Ein und Alles, ein kleiner Mischling. Der darf nachts auf dem Funktisch schlafen. Vielleicht liegt er ja immer auf der Landkarte - Papier wärmt.

„Hier", schreit Bruno erleichtert ins Handy „hier, ich glaube aus München".

Na ja, damit kann ich was anfangen, wenn's denn stimmt.

Es hat gestimmt und ich habe den Fahrgast exakt abholen können.

Wenn wir unsere Pause am Stütz machen, hat Bruno immer die Kaffeekanne voll. Und der Kaffee schmeckt prima, 1a. Ja, Kaffee kochen, das kann Bruno.

Maria und Elke sind auch Nacht-Funkerinnen, aber am Wochenende. Gott sei Dank. Jede der Beiden hat den Laden allein im Griff. Da wird kein Kilometer umsonst gefahren. Kein Fahrer kommt zu kurz.

Es geht also doch.

DREI DAMEN,

aber nicht vom Grill. An einem Freitagnachmittag soll ich zu um 16:00 Uhr am Zentralen Omnibus Bahnhof in Schleswig sein. Ich fahre heute auch Bus, aber nur einen Kleinen. Und, wie sich später herausstellt, ist das auch gut so. Pünktlich bin ich an vereinbarten Treffpunkt. Nach zehn Minuten frage ich in der Zentrale nach, ob es Terminschwierigkeiten gibt. Ja, der Reisebus soll sich wohl verspäten. Siehste, darauf wäre ich jetzt von selbst nicht gekommen. Wieder zehn Minuten später geht mein Handy:

„Büst du noch do? Wi staht in Stau. Tööv man noch", sagt eine Frauenstimme auf Plattdeutsch - und weg ist das Gespräch. Auf Nachfrage in der Zentrale wird mir bestätigt, dass meine Nummer an die Fahrgäste weitergegeben worden ist, damit wir direkt Kontakt halten können.

Na, und dann bimmelt es wieder:

„Wi sünd do. Ick sei di, da mit den schwatten Bus." Ich sehe einen einrollenden Reisebus und in der Fensterreihe einen wild winkenden Arm. der gehört bestimmt zu einer der drei Damen, die ich abholen soll. Der Bus parkt ein und die Türen werden geöffnet. Eine gefühlte Ewigkeit später kommen die Insassen heraus, alle gaanz langsam. Man hat Zeit. Die Koffer werden ausgeladen und stehen in Reih und Glied. Jeder der Fahrgäste, alles Frauen so U und Ü 70, kramen wie bei C&A auf dem Wühltisch nach ihrem Gepäck. Dann verabschieden sich alle, jede von jeder, grüppchenweise, überschwänglich, winkend. Und nach endlosen fünfundvierzig Minuten Wartezeit kann ich meine Fahrgäste in Empfang nehmen. Die drei Damen sind alle so Typ 'Ohnsorg-Theater'. Auch vom Mundwerk, aber das hab ich ja schon am Telefon erlebt.

Und nun in echt:

„Goot mien Jung, dat du so een grooten Wogen dorbi hest, bi all uns Packelaasch". Ist verstaue fünf Koffer mittlerer Größe. Und eine große Reisetasche. Alles für drei Personen, drei!. Wie lange die wohl unterwegs waren. Ich wage zu fragen:

„Na, wo lang worn Se denn ünnerwegens? Veer Weken?"

„Nee, fief Doog."

Na ja, ich verstaue das Gepäck und die drei machen es sich im Fahrzeug bequem und schnattern wie die Enten, natürlich alles 'op Platt'.

Ich setze mich und fahre los, Richtung Husum und die, die aus dem Bus gewunken hat ist immer noch ganz aufgeregt:

„Also, so een Busfohrer, de mut doch bie Stau een Umleitung weten. De het doch soon Ding da föörn. Man goot, dat du tövt hest."

Kurz darauf eine Andere:

„Wi mütt man öber Mildstedt föhrn. Do schmiet wie dann de Christel ruut. Irmi un ick föhrt dann no Husum wieder. Kriegs dat trecht?"

„Kloor, mok wie" antworte ich und dann unterhalten sich Christel, Irmi und Lene - so heißt die Dritte - über die vergangenen fünf

Tage. Schwarzwald und so. War ja schon schön, aber

„Dat war wat düür, Allens. Un de Koffi - tweemol so veel as bi uns. Man, bannig goot wor he jo."

Und die Museen, schön anzusehen. Und die wunderschönen Pracht-Parks - alle so dunkelglänzend grün.

„Nee", weiß es eine besser, „Düüstergrön un blank", das war Christel und weiter „und Allens so düür. Und nümmers wor Tiet, jümmers in Draff. Dorbi sünd we doch Rentners. Jümmers in Draff, as op de Flucht. Ne, de Hisseree, dat wor nix för mi. Man schöön wor de Tiet liekers ween, man düür."

Wir sind in Mildstedt. Alle drei Damen steigen aus und verabschieden sich rührend mit Küsschen hier und Küsschen da, Umarmungen und so, das dauert. Ich steige auch aus und warte geduldig, bis Christa mir ihre zwei Koffer zeigt und stelle sie auf den Gehweg. Sie gibt mir 'n Zehner und bedankt sich dafür, dass ich am ZOB gewartet habe.

Christa geht aufs Haus zu, Irmi und Lene steigen wieder ein.

Und nun geht's richtig ab:

„De wüllt we man nich wedder dorbi hebben. De Olsch is sowat von pennschieterig, richtig afsünnerlich. Un denn, dat se jümmers so veel Tiet bruukt. Un de Schöh, dat wörn woll an söss Poor, de se met het. Ne, de neegst Fohrt mokt wie wedder alleen. Kloor!"

Auch von den beiden Damen bekomme ich 'nen Zehner und ein herzliches Dankeschön.

Jo, so ne Fohrt mit Plattdüütsch is mool watt anners.

ERDOGAN

Erdogan, schon am Namen zu erkennen, ist kein deutscher Mitbürger. Aber ein angesehenes Mitglied *seiner* Mitbürger. Erdogan kann man in drei Kategorien einteilen:

1. nüchtern
   dann ist er ein ganz normaler Bürger
2. zwischen nüchtern und volltrunken
   dann kann man ihn aussprachemäßig sehr schwer verstehen und muss ihm schon *den Weg weisen*
3. volltrunken
   dann ist er ein richtiges Ekel, man kann ihn aussprachemäßig gar nicht verstehen und er wird ausfallend, beleidigend und handgreiflich

Wenn man Erdogan in Phase 1 als Fahrgast hat, erzählt er von seiner Familie und den Kindern. Und von seinem Harem - er hat drei Nebenfrauen in der Umgegend verteilt, zu denen er ab und an gefahren werden will.

In Phase 2 sieht es dann so aus, dass Erdogan verlangt, die Uhr auszumachen, weil er nur das bezahlt, was ER bezahlen will. Ich sage:

„Ganz ruhig Eddi, abgerechnet wird am Ende".

Etwas später glaube ich aus seinem Kauderwelsch wieder herauszuhören, dass ich die Uhr ausstellen soll. Ich schweige lieber. Vor seiner Haustür nenne ich ihm den Fahrpreis, er schraubt sich umständlich aus dem Auto und schmeißt Geld auf den Beifahrersitz mit den Worten:

"Mehr zahle ich nicht, ihr Deutschen seid alle Schweine".

Überall spricht man von Ausländerfeindlichkeit.

Ich habe es gerade hautnah erleben dürfen.

Einmal hole ich Erdogan in Phase 3 aus seiner "Tee-Stube" ab. Schwer findet er den Weg zum Taxi und lässt sich stöhnend auf den Beifahrersitz fallen. Aus dem Gestammel und Genuschel höre ich ein sehr aggressives „Uhr aus" heraus. Ich sage ihm fest und klar: „Die Uhr bleibt an. Außerdem bekomme ich noch vom letzten Mal Geld von dir und zwar heute, sonst fahren wir zur Polizei".

Am Fahrtziel bekomme ich alles Geld auf Heller und Pfennig - oder heißt das jetzt und Cent? Ich bedanke mich. Erdogan bleibt sitzen. Ich bitte ihn, auszusteigen. Er bleibt sitzen. Ich sehe ihn genau an, vielleicht schläft er ja in seinem Rausch. Nein, die Augen sind geöffnet. Er bleibt sitzen.

"Eddi, steig' jetzt aus, ich muss weiter, bitte!".

Er bewegt sich nicht, sieht stur aus dem Fenster. Notgedrungen steige ich aus, öffne die Beifahrertür und will ihm beim Aussteigen helfen. Er stemmt sich in den Sitz und fuchtelt mit den Armen:

„Ich bleibe hier. Ich steige aus, wenn es mir passt".

Etwas härter sage ich jetzt:

„Aussteigen - los!".

Er schraubt sich aus dem Auto, kommt auf mich zu und packt mich so fest am vorderen Kragen, dass das mit dem Luftholen etwas schwierig wird und lässt wieder seinen "Spruch" ab (siehe oben - ich möchte das nicht so gern wiederholen). Ich sage ihm leise, dass er mich sofort loslassen soll, sonst werde ich die Polizei rufen. Er lässt ab von mir und geht. Gott sei Dank.

Auf dem Rückweg fahre ich in der "Tee-Stube" vorbei und berichte von dem Vorfall. Und auch davon, dass ich unter diesen Umständen nicht mehr bereit bin, Erdogan zu fahren. Gemeinsam beschließen wir, dass Erdogan nicht mehr alleine in einem Taxi fahren wird. Es wird immer jemand mit ihm fahren.
Morgens, bei Dienstschluss spreche ich das Thema "Erdogan" in der Zentrale an. Den anderen Nachtfahrern entfährt ein Stöhnen, oder sie verdrehen die Augen. Sie haben auch dieses Problem mit ihm. Ich erzähle auch von

der beschlossenen Lösung in der "Tee-Stube"
und alle finden das gut.

Es gibt immer eine Lösung.

FEBRUAR

Es ist Null Uhr dreißig und ich soll zwei Jungs und ein flott angezogenes Mädchen zum Festpreis zur Fun-Meile und um Fünf Uhr wieder zurück bringen. Einer hat schon mehr und die anderen beiden, die vielleicht zusammen gehören, haben weniger vorgeglüht. Aber vergnügt sind sie alle. Als sie aussteigen, tippe ich dem etwas mehr vorgeglühten auf die Schulter und sage: „Und immer schön gerade gehen und vor allen Dingen den Mund halten und nicht drängeln, sonst kommst du da nicht rein. Dann kannst du hier draußen auf den Beiden und mich warten." Dann schoss er ab.

Ich komme pünktlich - wie immer überpünktlich - zum Abholen. Und da sehe ich auf dem von mir linken Bürgersteig *meine* drei mit drei anderen Jungs. Die kabbeln sich. Ich muss noch ungefähr 300 Meter weiter fahren, um wenden zu können. Als ich wieder an der Stelle bin, wo ich die sechs gesehen habe, sehe ich nichts. Ich sehe niemanden mehr. Spinne ich jetzt? Da taucht plötzlich aus dem Graben ein Kopf auf und taucht wieder ab. Und dann an anderer Stelle das Gleiche. Ich lache herzlich. Das ist wie auf dem Jahrmarkt, wo man mit Bällen Pappkameraden die Hüte vom Kopf werfen muss. Nur dass die Köpfe hier schon keine Hüte mehr haben und Pappkameraden sind es auch nicht. Es sind fünf Jungs und ein Mädchen, die sich da im Graben balgen. Man sieht gut, dass sich das Wasser im Graben durch die Bewegung am Grund zu Modder und Matsch gewandelt hat. Nun kommen zwei andere Jungs und stellen ganz aufgeregt fest:

„Die schlagen sich. Was machen wir?"

„Ruf' die Polizei, die soll das klären", rate ich. Gesagt, getan.

Im Graben werden nun Stimmen laut, wie:

„Lass ihn in Ruhe", „Halt die Schnauze", „Ihr habt angefangen", „Finger von der Frau, das ist meine" .....

Inzwischen fährt ein Peterwagen vor, zwei Polizisten steigen aus.

„Und nun?"

Die Sechs kriechen aus dem Graben und geben ein erbärmliches Bild ab. Alles voller Dreck, nass, mattschig, und die Schuhe erst.

Es stellt sich heraus, dass einer von den drei Jungs ein Auge auf das Mädchen geworfen hat. Und die anderen Beiden, wollen das Mädchen verteidigen, weil sie ja mit dem einen 'geht'. Na ja, so schlimm war es dann doch nicht mehr und eine Mutter der drei anderen Jungs kommt, um die abzuholen.

Und wie kommen das Mädel und die beiden Jungs nach Hause?

O-Ton Polizei: „Wir nehmen die Dreckspatzen nicht mit" und zu mir gewandt „die kannst du nach Hause bringen".

„Nee, so verdreckt, wie die sind, setzen die ihren Arsch nicht auf die Ledersitze".

„Warte mal, wir haben da noch ein Leichentuch, das kannst du haben, wenns was nützt".

„Okay, gib her. Ich mach was draus" und ehe ich mich's versehe, ist der Peterwagen weg.

So, nun stehen wir da: ein einsfünfzig breites Leichentuch, drei verdreckte Jugendliche und ich. Jaaa und dann fiel mir noch der Müllsack ein, den ich immer dabei habe.

„Ausziehen, oder ihr geht zu Fuß", empfehle ich den Dreien „ausziehen bis auf die Slips und BH, auch die Schuhe und alles in den Müllsack. Dann kuschelt euch mal alle schön in dieses mollige Tuch und ab auf die Rücksitze."

Es ist mucksmäuschenstill. Keiner sagt etwas. Sie sehen erst sich, dann mich fragend an.

„Ja los, oder wollt ihr doch lieber zu Fuß gehen?".

Und dann geht alles wie von selbst bis sie alle im Fond sitzen und sich bibbernd gegenseitig wärmen. Und um sie rum das Leichentuch.

Ich fahre langsam los, dabei drehe ich die Heizung runter. Ich bin gemein.

„Können sie die Heizung bitte höher drehen", bittet das Mädchen und „können sie nicht etwa schneller fahren?"

Zu Hause steigen sie aus und ich drücke dem Mädchen den Müllsack in die Hand. Sie können sich nicht einigen, wie sie sich die Decke teilen sollen, damit jeder etwas davon abkriegt. Sie frieren jämmerlich. Es ist ein Bild für die Götter: Müllsack vor zitternder, gemischter Dreier-Gruppe.

Wieder im Taxi, drehe ich die Heizung hoch und das Gebläse auf *volle Kanne*.

Es ist Februar.

FLOH

Floh ist einer meiner Kollegen. Er ist ein Nacht-Stammfahrer und fährt - wie ich – ein Fahrzeug mit dem Stern. Also kein Aushilfsfahrer. Aber er benimmt sich so. So, als ob es ihm eigentlich egal ist, was er macht und ob er es überhaupt macht.

Wenn Floh zu Dienstbeginn den Aufenthaltsraum betritt, geht das *Geblubber* gleich los: „Was liegt an" oder „Kaffee fertig?" Er sagt seine Meinung immer gerade 'raus und nimmt keine Rücksicht darauf, wen er gerade vor sich hat. Das ist schon irgendwie bewundernswert.

Und wenn ihm irgendetwas nicht in den Kram passt, dann schmeißt er auch schon 'mal die Auto-Schlüssel auf den Tisch - und geht nach Hause. So ist es einmal geschehen, als er neun Tage (Nacht-Schichten) hintereinander fahren soll. Nach sechs Tagen hat er die *Faxen dicke* und reagiert, wie eben beschrieben. Aber nach einer Stunde kommt er wieder und macht einfach weiter, als ob nichts gewesen ist, sogar mit Überstunden! Na ja, dem Ganzen ist dann ein Gespräch mit unserem Chef vorausgegangen.

Oder aber, er macht - wenn es ihm mal wieder gegen seinen Strich geht - DNV. Das kann er auch gut. Was DNV heißt? Ganz einfach: Dienst nach Vorschrift - dann wird ganz genau nach der Straßenverkehrsordnung gefahren. Zum Beispiel, wenn 30 km/h vorgeschrieben sind, werden genau 30 km/h gefahren. Ja, auch nachts - wenn so rein gar nichts los ist auf den Straßen.

Floh ist noch jung, 22 Jahre alt, hat keine Verpflichtungen und nichts zu versorgen, nur sich selbst. Floh ist ungefähr einen Meter neunzig groß und wiegt dabei wohl 90 kg, ein stattlicher Kerl also, soll man meinen. Da er sich aber sehr leger kleidet, mit so einer tarnfleckgemusterten Schlafanzughose, einem über-dimensionalen Swaet-Shirt und Sommer wie Winter eine dieser Wollmützen trägt, von denen man keinen Rückschluss auf Haarfarbe, -form oder -länge schließen kann, macht er schon einen etwas lodderigen Eindruck. Nichtsdestotrotz mag man ihn und er hat seine Stammkunden, also Fahrgäste, die nur mit ihm fahren wollen. Da macht er keine Ausnahme in unserem Team.

Seine Lieblingsbeschäftigung ist es, alle und jeden zu *verscheißern*. Zum Beispiel drückt er die Funk-Sprechtaste, imitiert unseren Disponenten Bruno und ruft: „Die Fünf, die Fünnnf bitte". Und das kommt so echt 'rüber, dass die Antwort nicht lange auf sich warten lässt: „hier die Fünf". Was dann von allen bei gedrückter Funktaste folgt, ist sonnenklar: großes Gelächter und „Reingefallen!!".

Floh sagt von sich selbst, dass er *für Trinkgeld* fährt - so, als ob er davon allein leben muss. Deshalb baut er auch ab und zu sogenannte Schwarztouren ein. Wenn ihm das - von der Zentrale unbemerkt - gelungen ist, freut er sich wie ein kleines Kind zu Weihnachten. Es macht Spaß, ihn so zu sehen. Dann merkt man, dass es ihm nicht wirklich um das Geld geht, sondern viel mehr um das Vergnügen.

Tja, und jetzt schon ist Floh sauer und kann sich fürchterlich aufregen; es stehen Änderungen ins Haus. Die Fahrzeuge sollen mit Sitzkontakten und GPS ausgestattet werden. Dann ist Schluss mit Schwarztouren, wirklich. Aber Floh hat uns allen in die Hand versprochen: „Ich finde was, ich lass mir was einfallen. Und wenn wir den Fahrgast im Kofferraum transportieren. Das muss doch auszutricksen sein."

GEBURTSTAGSGESCHENK

Wieder einmal Samstagnacht - und damit ist erneut "Disco" angesagt.

Schon um 22:45 Uhr bekomme ich eine Tour zum "Vineta" nach Busdorf. Ich nehme drei Jungs auf, die ich schon öfter dahin gefahren habe: Chris, Udo und Horst. Horst ist der Jüngste, die anderen Beiden sind so 22 bis 24 Jahre alt. Es sind *anständige* Kerls, nicht so durchgeknallt wie andere. Die beiden Großen haben einen Beruf und damit ihr Auskommen, der Kleine geht noch in die Lehre und möchte einen guten Abschluss zum Kfz-Mechatroniker machen, damit sein Lehrherr ihn übernimmt; das haben sie mir mal erzählt.

Udo setzt sich nach vorne, Horst und Chris sitzen hinten.

„Wir wollen heute mal richtig einen draufmachen", erzählt mir Udo „Horst wird nachher volljährig - Pause - also heute wird er E R W A C H S E N."" Und das Erwachsen betont er extra und zieht es in die Länge. Udo und Chris lachen. Horst grinst etwas verschämt.

„Wir haben alle drei für die Disko zusammengelegt. Ja, und vielleicht gibt's obendrauf von Chris und mir noch ein Extra-Geschenk. - Schaun wir mal," setzt er verschmitzt hinten dran.

Als Udo am "Vineta" die Fahrt bezahlt, bestellt er gleich die Rückfahrt:

„Du Kai, holst du uns so um fünf wieder ab? Vielleicht fahren wir auch noch woanders hin. Mach' das mal mit deiner Zentrale klar."

Ich melde mich bei der Zentrale frei - Elke hat heute Dienst - und gebe ihr gleich mit der Bemerkung, dass es eventuell 'noch weiter' geht, meine Bestellung für 5:00 Uhr durch.

„Das hab ich mit," antwortet Elke, „ist notiert".

Pünktlich um Fünf stehe ich vor der Disco und brauche auch nicht lange auf meine

Fahrgäste zu warten. Udo und Chris haben Horst in die Mitte genommen, schieben ihn auf den Rücksitz und nehmen dann selbst beide hinten Platz – Horst bleibt in der Mitte.

Chris beugt sich vor und raunt mir ins Ohr: „So, nun fahr mal schnell nach Kiel. Udo und ich haben noch ein Geschenk für Horst, jetzt - wo er erwachsen ist. Fahr mal ins Laufhaus."

Ins Laufhaus, ja das hat am Wochenende rund um die Uhr geöffnet. Die Beiden kennen sich aus. Auf dem Weg dahin erzählen Chris und Udo immer abwechselnd von *tollen Weibern* und *großen Titten* und was es da sonst noch alles gibt.

Ich denke so bei mir: gut, dass ich meine Geschichten jetzt und heute erzähle! Wäre mir das alles vor zehn Jahren passiert, hätte ich solche Ausdrucksweise gar nicht zu Papier bringen können. Damals war man noch nicht so frei, konnte und wollte diese Worte nicht offen aussprechen, weil es sich nicht geziemt.

„Du Kai, fahr mal auf den Parkplatz neben dem Laufhaus. Du kommst doch mit rein!?" sagt Chris etwas fragend zu mir. Trauen sie sich doch nicht allein? Muss nun doch ein 'Alter' mit?

„Das muss ich aber erst mit meiner Zentrale absprechen. Was meinst du, wie lange es dauern wird?"

„Ach, länger als 'ne halbe Stunde bestimmt nicht – Horst ist ja noch jung" dann etwas leiser „und unerfahren".

Da wollen die Beiden ihm doch tatsächlich 'eine Frau' schenken. Das sind wirklich Freunde, toll.

Ich funke Elke an, trage ihr die Situation vor und bekomme *grünes Licht*.

„So hast du dann mal 'ne nette Pause", antwortet sie. Die anderen Nachtfahrer melden sich auch zu Wort mit „Will ich auch", oder „Immer die andern".

Wir betreten das Laufhaus zu viert. Ich halte mich im Hintergrund. Chris und Udo schlagen Horst die Eine oder die Andere vor, bis Horst sich dann selbst Eine aussucht.

Udo drückt ihm einen *Hunni* in die Hand und wünscht ihm mit Chris zusammen: „Viel Spaß, wir holen dich hier inner halben Stunde wieder ab." Horst verschwindet mit einer prall gebauten Blondine. Wir gehen auch wieder auf die Straße und rauchen erst einmal eine Zigarette. Nun müssen wir sehen, wie wir die Zeit totschlagen.

Schräg gegenüber entdecke ich eine Pinte. Da kriege ich bestimmt eine Cola. Die Beiden sind einverstanden, Cola wär jetzt nicht schlecht. Beim Eintreten fällt mir gleich ein junger Mann mit Stirnband auf. Seine Haarpracht ist sonst kaum zu bändigen. Er trägt ein schwarzes Muskel-Shirt. Vielleicht kommen dadurch seine strahlend weißen Zähne so gut zur Geltung. Na jaa, und seine Bizeps sowieso. Er sitzt einer jungen Frau gegenüber, die ich nur von hinten sehe. Sie sieht schmächtig aus und hat auch eine *wallende Mähne* aber ohne Stirnband. Das graue Sweat-Shirt, das sie trägt, ist eins wie viele.

Die Beiden *spielen* Armdrücken. Er grölt lachend:

„Nun zier dich doch nicht so, halt doch mal ordentlich gegen. Was, du kannst nicht mehr" Pause, „Jetzt erlöse ich dich!" und schmettert ihren Arm auf den Tisch. Stolz wirft er sich in die Brust mit der Erkenntnis, was er doch für ein toller Kerl ist.

Das Mädel tut mir leid. Mein Beschützerinstinkt ist geweckt. Ich stelle meine Cola ab und nähere mich dem Tisch.

„So, du Memme. Nun zeig doch mal, ob du nur bei kleinen Mädchen so stark bist. Nimms doch mal mit einem richtigen Kerl auf", entfährt es mir großkotzig. Das wollte ich gar nicht so sagen. Aber nun war es passiert. Ich mache gegen das Muskelpaket eher eine mickerige Gestalt und überlege ehrlich, wie ich am besten aus der Geschichte heraus komme. Ach was, wieso denn. Armdrücken war doch schon immer meine Stärke. Also: Augen zu und durch!

'Memme' war nicht so gut angekommen und er antwortet herausfordernd:

„Dann lass mal sehen, was du so da drunter hast."

Ich ziehe das Jackett aus und lockere meinen Bayern-Binder. Heute trage ich ein kurzärmliges Hemd, da brauch ich nicht zu krempeln. Ich nehme ihm gegenüber Platz, stemme mich mit beiden Händen auf den Tisch und zische:

„Die Linke steht frei", sage ich, und hebe meinen linken Arm an „festhalten ist nicht!" und dann noch „wer verliert, zahlt 'n Zwanziger."

„Das geht klar, als armer Student kann ich jeden Cent brauchen."

Zwischenzeitlich haben sich einige Gäste um uns gedrängt. Udo und Chris natürlich auch. Wir setzen unsere rechten Ellenbogen auf und jeder greift die Hand des anderen - alles noch ohne Druck. Dann fängt Udo zu zählen an:

„Drei, zwei, eins, los".

Ich hatte sofort den Rhythmus seiner Abwärtszählung im Ohr. Das brachte mir schon mal einen Vorteil gegenüber meinem

Gegenüber. Er musste Gegenhalten, also verteidigen. Eine ganze Zeit tat sich nichts. Ich wurde mir meiner Kräfte wieder bewusst und spielte mein altes Spiel:

„Nun pass mal auf. So bringt das ja nichts. Ich zähle jetzt von zehn runter und dann krieg ich den Blauen."

Er grinst .... und merkt nicht, dass das Spiel jetzt nach meinen Regeln läuft.

„Zehn, neun, acht, sieben", ich zähle absichtlich unrhythmisch, dann weiß nur ich, wann eins vorbei ist „sechs, fünf, vier, drei, zwei - kleine Pause - eins!" Überraschungseffekt! Seine Hand liegt auf dem Tisch. Ich ziehe mich wieder korrekt an, lege den gewonnenen Zwanziger für die drei Cola auf den Tresen. Udo, Chris sind stolz auf mich, den Alten und wir verlassen die Pinte. Die anderen Gäste sehen uns hinterher. So haben wir die halbe Stunde gut 'rum gebracht und wir holen Horst ab.

Gerade als wir eintreten kommt er uns von der anderen Seite entgegen.

„Na, wie wars?", „Hats Spaß gemacht?", „Bist du auf deine Kosten gekommen?" fragen seine Freunde.

„Ich will ins Auto, jetzt, sofort", antwortet Horst bestimmt und prescht los, als ob er Jagdwurst gegessen hat.

Als wir alle im Taxi sitzen, sehe ich Horst etwas zusammengesunken im Rückspiegel.

„Nun lass schon ab", betteln die Freunde.

„Also, ich weiß gar nicht, was ich erzählen soll".

„Na, wie es war. Was hat sie mit dir gemacht?" frag Udo.

„Ja, das isses ja. Ich hab ihr euren Hunderter gegeben, dafür sollte sie *blasen.*" Chris wirft dazwischen:

„Das kostet aber nur 60, wo ist er Rest?"

„Ich weiß nicht, was sie mit mir gemacht hat. Ich erinnere mich nur, dass sie auf mir saß und ich ihre pralle Titten in der Hand hatte. Prall und schön warm. Sehen konnte ich gar nichts. Ich weiß nur noch, dass *Er* dann schlapp wurde und sie mich mit den Worten „Das wars" entlassen hat.

Armer Horst, so hattest du dir dein Geburtstagsgeschenk bestimmt nicht vorgestellt. Ich habe heute irgendwie das Gefühl, immer helfen zu müssen - ich war ja auch mal jung.

„Du Horst, lass den Kopf nicht hängen (ich muss dabei über die Doppeldeutigkeit schmunzeln). Du musst das ganz anders angehen. Du brauchst so Eine um die dreißig, die zu dir nach Hause kommt. Für drei, vier Stunden. Die zeigt dir dann in aller Ruhe, wie es geht. Spar einfach mal dafür. Und dann hast du auch was davon."

„Meinst du Kai, dass das so geht? Na ja, du hast ja schon einige Jahre Erfahrung auf dem Buckel".

„Ach Horst, ich glaube, dass das nicht unbedingt was mit Erfahrung zu tun hat. Ich denke eher, jeder hat so seine eigene 'Eins bis Zehn' Skala".

Und ich verspreche noch, ihn bei der Suche nach einer *richtigen Frau*, zu unterstützen, habe aber das gute Gefühl, dass meine Hilfe gar nicht von Nöten ist.

Ach ja, und „Herzlichen Glückwunsch zum
Geburtstag, Horst"

HANDTASCHE

Handtasche, DIE. Eindeutig weiblich.

Und was singt Ina Müller, was wir alle wissen? "es herrscht das Grau'n in den Handtaschen der Frau'n".

Es ist mitten in der Woche, also Mittwoch und ziemlich zum Ende des Monats. Und was bedeutet das? Richtig. Nicht so gute Geschäfte. Aber der Abend ist schön. Den ganzen Tag über hat die Sonne die Erde aufgeheizt. So ist es immer noch lau und ich fahre mit offenem Fenster zurück, Richtung Stütz(punkt) und kann die Erde riechen und den Duft der Bäume an der Chaussee. Ja, und hier ist wohl gerade gemäht worden. Am liebsten würde ich anhalten, aussteigen und einmal rundum riechen und genießen. Dann könnte ich auch gleich eine Zigarette rauchen. Hatte schon lange keine mehr. Im Auto wird nicht geraucht; im Taxi nicht und im Privaten schon gar nicht. Aber ich lasse mich doch einfach treiben und das Auto rollen.

„Die drei, die drei. Wo bist du Kai? Kannst du beim Chinamann vorbei fahren?" „Ja, ist machbar. Aber soll ich da nicht besser anhalten? Es hört sich so an, als ob da Fahrgäste warten".

„Natürlich. Nun nimm doch nicht alles so wörtlich".

Am China-Restaurant stehen Vater, Tochter, Mutter. Der Vater macht einen leicht *lodderigen* Eindruck, verquollene Schuhe, eine in alle Richtungen ausgebeulte, farblich undefinierbare Jogginghose, die blaue Jacke würde einem Größeren besser passen. Die Tochter trägt einen gelben, kurzen Rock über braunen Jeggings über roten Leggings. Und über allem noch einen Salz+Pfeffer-Pullover, der mit der Länge des Rockes fast abschließt. Die Mutter ist ein wenig zu grell geschminkt (vielleicht ist im Bad eine Birne defekt) und die dünnen Absätze der aquamarin, glänzenden Schuhe sind etwas zu hoch. Zu der tigerfellgemusterten Jacke hat sie einen riesigen, röhrigen, gelblichen Sack geschultert, das ist wohl die Handtasche. Dieses Etwas erinnert mich stark an einen Seesack, einen vollen Seesack.

Als Ziel wird zuerst die *Tanke* genannt. Der Vater muss noch einkaufen und fordert von der Mutter Geld. Nun entsteht eine Diskussion zwischen den beiden:

„Warum brauchst du Geld?"

„Ich hab' im Restaurant bezahlt!"

„Hast du denn nichts mehr?"

„Würde ich sonst betteln?"

Die Mutter kramt im Seesack, fördert einen 10er zu Tage und gibt ihn dem Vater.

„Was soll ich denn damit, dafür krieg ich ja nichts Gescheites", dreht sich um und geht zum Verkaufsraum.

Der Vater kommt mit dem gekauften Gegenwert für die 10 Euro zurück. Dann geht's nach Hause. Vor der Haustür steigt der Vater mit den Worten „Bezahl mal" aus und verschwindet. Die Mutter fängt an, in dem Sack zu suchen. Kramt von links nach rechts und von oben nach unten. Sie sieht die Tochter verstört an. Ich schmunzele. Nochmal das Spiel nur anders herum und mit einer kleiner Taschenlampe, die sie in dem Wirrwarr gefunden hat: von rechts nach oben und von links nach unten. Wieder erfolglos. Ich schlage vor, den Sack einfach auszukippen, weil es dann übersichtlicher wird und ob ich Licht machen soll. Ich würde nämlich gern mal sehen, was so alles in der Handtasche einer Frau drin ist. Während sie die Handtasche tatsächlich ausschüttet, beteuert die Tochter, dass sie gesehen hat, wie die Mutter das Geld in die Tasche gesteckt hat. Und nun liegt der Inhalt auf dem Rücksitz. Ich drehe mich neugierig um und sehe: zwei Schlüsselbunde, ein Pack Taschentücher, ich glaub es nicht: Kondome, ein Lippenstift, eine große Plastiktüte, ein Schminkspiegel, noch ein Pack Taschentücher, ein Tablettenstreifen, Kaugummi, Zigaretten, mehrere Tampons, eine kleine Plastiktüte, einzelne Bonbons. Der Rest – ein heilloses Durcheinander. Nur kein Geld. Nun nimmt die Tochter die leere Handtasche und leuchtet mit der Taschenlampe das Innere aus.

Ja, und tatsächlich, ganz unten unter einer Stofffalte hat er sich versteckt, der Fuffi.....

„Mami, ich schenk dir zum Geburtstag einen Kompass"

„Wieso, wir haben doch ein Navi"

„Ja, im Auto. Aber für deine Handtasche brauchst du echt 'nen Kompass".

Für meine Geduld bekomme ich zum Fahrpreis ein gutes Trinkgeld.

Man verspricht, mich weiter zu empfehlen.

HOTEL

Schleswig, Bahnhof, RE 21082, 22:29 Uhr. Das sind meine Angaben und ich mache mich auf den Weg. Es ist kalt heute, gefühlt: bitterkalt. Laut Navi bin ich um 22:20 Uhr am Bahnhof in Schleswig – ich bin gut in der Zeit.

Denkste! Vor Treia hat sich eine Autoschlange gebildet. Wo kommen zu dieser Tages- oder besser gesagt Nachtzeit in dieser Gegend so viele Autos her? Mein Zeitplan ist *im Eimer.* Langsam bewegt sich die Schlange vorwärts, ganz langsam. Ein Krankenwagen kommt mit Blaulicht entgegen. Dann Blaulicht von hinten, der Notarzt. Na, ja, das sieht nicht gut aus. Die Unfallstelle muss gleich hinter der Treene-Brücke liegen. Ich überlege und als ich dann endlich vor mir links die Geilwanger Straße sehe, blinke ich und biege ab. So, wie war das noch. Ach, wozu habe ich ein Navi. Das führt mich dann weiter über den Gammellander Weg auf den Moorweg, dann rechts ab in den Iplander Weg, wieder rechts ab auf die Grüfter Straße und endlich wieder auf die B 201. Nun links ab und Gas. Mein Fahrgast wartet.

22:40 Uhr. Ich fahre durch die Mansteinstraße direkt vor den Bahnhof. Da stehen zwei Beine in langen Hosen und eleganten Stiefeln. Darüber ein heller Mantel, nicht so winterfest, mit quergeschulterter Handtasche. Dann kommt ein Kopf mit blonden, kurzen Haaren - keine Kopfbedeckung. Daneben steht ein großer Koffer und darauf ein mittelgroßer, prallgefüllter Rucksack. Sonst weit und breit niemand. das muss mein Fahrgast sein. Als ich anhalte, greift sie schon zum Rucksack. Ich steige aus, nehme mir den Koffer und ihr den Rucksack aus der Hand. Beides verstaue ich im Kofferraum. Sie sitzt auf dem Beifahrersitz und sagt:

„Mensch, das ist ja kalt wie am Nordpol".

Schweigend drücke ich den Knopf für die Sitzheizung auf ihrer Seite. Meiner leuchtet schon die ganze Fahrt. Ich friere nicht.

„Ooh, das tut gut", sagt sie.

Dann kramt sie in der Tasche, holt ein Bonbon heraus und fragt:

„Sie auch eins?"

Ich verneine dankend. Das macht immer so durstig. Viel trinken und Taxi fahren passt nicht so gut.

„Also, mir ist da was passiert. Das muss ich unbedingt loswerden",

platzt sie plötzlich heraus.

„Ich bin vorgestern nach Bad Friedrichshall gefahren, weil da gestern und heute um 08:30 Uhr Besprechungen stattfinden sollten. Ich bin im Betriebsrat der Firma. Mein Beisein ließ sich nicht vermeiden. Ich suchte mir aus dem Internet eine günstige Unterkunft. Sollte ja nur für zwei Nächte sein. Ich fand eine, allerdings circa 10 Kilometer entfernt, aber dafür richtig günstig. Achtunddreißig fünfzig. Frühstück fünf Euro. Da gab's nichts zu meckern. Als ich dem

Taxifahrer gestern Abend vor dem Bahnhof in Bad Friedrichshall das Fahrtziel "Wirtshaus am Uferweg" nannte, sah er erst mich und dann mein Gepäck fragend an. Ich dachte, wenn er nichts fragt, will er auch nichts wissen. Beim Einchecken im "Wirtshaus" sah mich der Portier ebenso fragend an und auch mein Gepäck. Ich fragte jetzt, ob etwas ungewöhnlich an mir oder dem Gepäck sei. Nein, nein. Alles sei gut. Er wies mir ein Zimmer im Erdgeschoss zu. Gut so, es gab keinen Fahrstuhl und mein Koffer war schwer. Im Zimmer machte ich es mir dann gemütlich, soweit das ging. Na ja, bei dem Übernachtungspreis durfte ich ja nicht meckern. Aber feststellen, dass das alles um mich 'rum schon mal bessere Zeiten gesehen hat, musste ich dann doch. Und weil ich schon mal eine gaanz negative Erfahrung mit einem günstigen Hotelzimmer gemacht hatte, bin ich immer auf alles Eventuelle vorbereitet. Deshalb auch mein großer Koffer, auch für nur zwei Nächte. Ich habe jetzt immer einen dünnen aber warmen

Schlafsack dabei, falls das Bett für mein Empfinden nicht zu benutzen ist und Dusch- und Handtücher. Mir ist es zu müßig, zu Reklamieren. Das wird auch nicht so gern gesehen. Und ich kämpfe lieber auf anderer Linie, als Betriebsrat nämlich. Ich verkroch mich im Bett und nahm mir noch einmal die Unterlagen für die nächsten Tage vor. Auf dem Flur wurde es laut: Gelächter, Türgeklapper. Ich las weiter, bis ich dabei eingeschlafen bin. Dann wurde ich wieder durch Türklappern wach. So ging das die ganze Nacht, laute oder leise Stimmen, Gelächter und Türgeklapper. Als ich morgens in den Frühstücksraum kam, saß dort nur ein Mann, mit dem Rücken zu mir. Die Auswahl des Buffets war reichlich. Es war aber zu erkennen, dass es nicht viele Gäste gab, die das Frühstückangebot wahrnahmen. Es hätte wohl für nur höchstens vier Personen gereicht. Nach dem Frühstück bestellte ich ein Taxi, um zur Firma zu fahren. Der Taxifahrer sah mich auch wieder interessiert an. Ich nannte ihm die

Firmenanschrift, er zuckte mit den Schultern - warum auch immer. Im Konferenzraum wurde ich begrüßt und man fragte mich, als wir uns alle einen Kaffee eingeschenkt haben, ob ich gut und wo ich geschlafen habe. Arglos sagte ich: im 'Wirtshaus am Uferweg'. Alle Köpfe gingen in meine Richtung, alle schmunzelten. Fast hatte ich den Eindruck, es war süffisantes Lächeln, aber warum? Es war allerdings etwas unruhig in der Nacht, fügte ich dann hinzu. Jetzt lachten alle herzhaft. Ein Kollege klopft mir auf die Schulter und sagt: „Weißt du eigentlich, wo du da gelandet bist? In der bekanntesten Absteige der Gegend, sie wird auch als Stundenhotel genutzt". Nun wurde mir nicht nur alles klar, sondern ich auch knallrot. Man lernt immer noch wieder was Neues dazu."

„Da können sie sich ja glücklich schätzen, dass sie in der Nacht keinen Besuch bekommen haben", werfe ich lachend ein.

„Ja, außerdem verriegele ich auch immer die Tür. In der Mittagspause bin ich dann wieder zum Hotel und habe ausgecheckt. Dann bezog ich ein Zimmer in einem Hotel, das die Kollegen mir empfohlen haben. Allerdings für neunzig Euro die Nacht".

Wir haben das Fahrtziel erreicht, sie geht fröhlich mit ihrem Gepäck zum Haus und ich fahre zurück zum Stütz.

Was es so alles gibt in der Welt.

JUNGGESELLINNEN-ABSCHIED

Heute fahre ich den Bus. Es ist eine laue Sommernacht und ich transportiere sechs Frauen, alle altersmäßig so mitten dazwischen, also vierzig Plus, nach Busdorf bei Schleswig. Natürlich zu der dort angesagten Disco "Vineta". Sie haben die Hin- und Rückfahrt *gebucht*. Es soll der Junggesellinnen-Abschied von Hille werden, der letzten noch Ledigen im Freundschaftskreis der Sechs, erzählen sie mir auf der Hinfahrt. Auch, dass die anderen Fünf schon ewig verheiratet sind alle zwei oder drei Kinder im Alter von 18 bis 20 Jahren haben. Ja, und Hille ist bei allen Kindern die Patentante. Die Unterhaltung verläuft im Allgemeinen, ich sag mal, sittlich förmlich. Sie wollen sich amüsieren, alle - und verabschieden sich fröhlich von mir: „Na, bis später dann", rufen sie mir zu und verschwinden im Lokal.

Pünktlich zu um vier Uhr morgens, also zehn vor vier, stehe ich vor der Disco. Da kommen schon Drei und dann noch Zwei. Alle Fünf sind lustig und ganz schön aufgedreht. Sie sehen immer suchend zum Eingang. Hille fehlt noch, die Braut. Endlich erscheint sie, sichtlich verlegen.

„Wo warst du denn die ganze Zeit", wird sie vorwurfsvoll gefragt.

„Aaach," Pause, „Ach, da war so einer", sagt sie und verdreht die Augen „na, nun ist ja sowieso alles vorbei. Ab nach Hause."

„Wieso 'alles vorbei'?" fragt eine.

„Heute heirate ich und gut ist. Der Werner ist genau der Richtige. Punkt".

„Was war denn?"

„Niiichts, hab' nur mal schnell noch mal....", sagt Hille und sitzt als Erste mit hochrotem Kopf im Bus. Die anderen folgen ihr und kichern.

„Na, du bist ja vielleicht Eine. Sollen wir das dem Werner sagen?"

„Oh, bitte, bitte, bloß nicht!!"

Sollte Hille etwa ...... Nein, das glaub ich jetzt einfach nicht.

Nachdem alle ihren Platz eingenommen haben, lege ich Fischer, Berg und Petry ein und fahre los. 'Plopp' macht es hinten. Alle grölen zur Musik, na ja. Im Rückspiegel sehe ich, wie die Sektflasche 'rum geht. Das kann ja heiter werden.

„Mädels, saut mir bloß nicht die Karre ein", werfe ich warnend ein. Doch die kümmern sich gar nicht um mich.

Dann dringen eindeutig zweideutige Wortfetzen an mein Ohr. Rein wie zufällig, drehe ich das Radio leiser. Ich werde neugierig. Das muss ich alles mitbekommen.

Sie fragen, was sie an einem Mann speziell zuerst interessiert. Und dann sagt Jede etwas anderes: die Augen, das Gesicht allgemein, der Hintern, die Kleidung, der Bauch, ja und die Hände, die müssen gepflegt sein.

Und dann erzählt eine:

„Wisst ihr, vor ein paar Jahren, da sind der Herbert und ich mal wieder spazieren gegangen. In freier Natur, so mit nichts drum

rum. Da griff er mir unter die Jacke und sagte, dass er immer schon mal mit mir ins Kornfeld wollte. Ich sah mir das Feld an, aus dem gerade 'mal kleine grüne Spitzen aus der Erde schauten und antwortete ihm lachend: „aber erst, wenn das Korn mindestens drei Asch hoch ist". Herbert lachte auch, fasste mich an die Hand und zog mich im Laufen zu einer Baumgruppe. Na ja, eigentlich waren es nur Büsche – noch nicht einmal so hoch, wie wir groß waren. Aber das interessierte uns dann auch nicht mehr. Also, ich sag euch Leute, sowas Spontanes ist immer noch das Geilste für mich."

Dann war es für einen Augenblick still.

Und dann geht es richtig ab. Meine Ohren werden immer größer und mein Kopf immer "röter". Junge, Junge, was ich da alles zu hören bekomme über Stellungen, Genusspunkte, Vorlieben und und und. Und zum Beispiel die *Größe* : 17, 19, 21. Man einigt sich auf Qualität, anstatt Quantität.

Dann will Hille wissen:

„Sagt mal Mädels, wie kriegt ihr euer Schätzi nach so vielen Ehejahren denn noch so richtig scharf?"

Na ja, und da kommt dann etwas, womit ich so gar nicht gerechnet habe. Aber wir Männer sind eben wohl doch feinfühliger, als im Allgemeinen angenommen wird: mit Romantik natürlich, etwas schummerigem Licht mit Kerzen, Schokolade zum Knabbern, Liebkosungen und über den Hintern streicheln. Ja und/oder spontan. Spontan mögen die meisten Männer, egal wo: in der Küche, unter der Dusche und in der Badewanne. Eine erzählte sogar etwas vom Geräteschuppen und in Gummistiefeln.

Wenn ich jetzt alles wiedergebe, was mir da zu Ohren gekommen ist, muss das Buch in der Kategorie 'Pornografie' verkauft werden. Ich höre einfach weiter zu und fahre ganz gemütlich in den Morgen.

Als wir am Ziel ankommen, plaudern sie immer noch aus dem Nähkästchen. Beim Aussteigen verhaspeln sie sich aufgrund der etwas wackeligen Beine, lachen, singen und verabschieden sich. Eine hat es besonders eilig und ruft noch im Weggehen:

„Mal sehn, ob ich den Jan wach kriege. Der muss noch 'ran jetzt. Bis zur Trauung ist ja noch 'n bisschen Zeit. Tschüüs".

Während ich von einer der Damen zum Fahrpreis mit großzügigem Trinkgeld entlohnt werde sagt sie schelmisch:

„Na, und sind sie jetzt neu aufgeklärt!?"

Ja, das bin ich - ganz neu aufgeklärt.

Und dazu gelernt hab' ich bestimmt auch irgendwas.

JUNGS

Freitagnacht. Die Jugend ist unterwegs. Zwei Jungs - so 17, 18 Jahre alt - wollen gegen 2:15h von der Disko nach Hause. Ein großer Stämmiger und ein Kleiner, etwas schmächtig. Ich kenne die Beiden, fahre sie nicht zum ersten Mal. Allerdings bisher immer in die andere Richtung, also zur Disko. Als Fahrtziel nennen sie eine Eigenheimsiedlung, in der ich bisher noch nicht war. Dort habe ich sie auch nicht abgeholt, wenn ich sie zur Disko gebracht habe. Sie fragen, ob ein Zehner reicht.

„Ja, passt".

Aber wo sie jetzt genau hin wollen, scheinen sie nicht zu wissen; sie nennen keine spezielle Anschrift. Also durchfahre ich die Siedlung nach ihren Anweisungen

„Fahr mal hier links",

„Da vorne wieder nach links",

„Halt, hier rechts".

Etwas seltsam kommt mir das Ganze schon vor, aber ich fahre.

Dann sage ich:

„Was ist jetzt, wisst ihr nicht wo ihr hin wollt, oder soll das 'ne Schnitzeljagd werden? Der 10er ist gleich abgefahren".

Ich habe keine Lust mehr zu diesem Hickhack.

Wir erreichen eine Straße die im Nichts zu enden scheint. Links und rechts nur noch Feld und Wiese, da hinten eine einsame Garage, finster. Ich halte an. Der Stämmige öffnet die Beifahrertür und steigt aus, verhält kurz und fängt an zu rennen. Der auf dem Rücksitz tut es ihm gleich und rennt ebenfalls los. Beide in Richtung Dunkelheit und Garage. Weg sind sie. Was soll das jetzt?

Ich steige auch aus, rufe:

„Jungs, ich krieg noch 'n 10er".

„Hol ihn dir doch".

Etwas wütend trabe ich Richtung Garage los. Dabei *hüpft* mir meine Lesebrille aus der Hemdtasche und bei dem nächsten Schritt höre ich es knirschen. Schitt! auch das noch.

Verfluchte Bengels. Jetzt umgibt mich Dunkelheit, ich mache die Garage aus und gehe langsam von der Straße auf sie zu. Ich höre Gewisper. Wo ist das, linke Seite oder rechte Seite. Ich entscheide mich für die Linke. Gehe langsam an der Seitenwand entlang, entferne mich etwas von ihr, schieße um die Ecke und greife das erst Beste was mir in die Finger kommt. Es ist der Kleinere von beiden.

Ich schreie ihn an:

„Seid ihr noch bei Trost, was soll der Scheiß?"

„Wir haben das Geld nicht", winselt der Kleine, „mein Vater bezahlt morgen". Ich lasse ihn los. Ich diskutiere nicht.

„Dein Vater bringt heute im Laufe des Tages 10 Euro zur Taxi-Zentrale und die Sache ist erledigt. Und das nächste Mal - wenn ihr kein Geld mehr habt - sagt doch einfach vorher Bescheid. Mit mir kann man über alles reden".

Ich drehe mich um und gehe langsam zum Taxi zurück. Die Beiden folgen mir mit etwas

Abstand. Ich weiß, dass sie sich jetzt nicht trauen mich zu fragen, ob ich sie wieder mit zurück nehme. Aber - tja, Pech gehabt, da müssen sie durch. Sie müssen den Weg zu Fuß zurückgehen und dass, wo es jetzt noch anfängt zu regnen.

Dabei hätten sie nur zu fragen brauchen.

Auf dem Weg zum Stütz kommt mir ein seltsamer Gedanke: Hatten die Beiden vielleicht vor ......? Nee, sowas gibt's doch nur im Film.

Der Vater hat das Geld bezahlt.

Und die Brille? Ach, die war vom Drogerie-Discounter, davon hab ich mehrere.

JUSTUS

Kollege Justus ist sehr, sehr ruhig. Also, sagen wir mal gemächlich in seiner ganzen Erscheinung. Ein anderer Kollege, der Michael, ist da eher das Gegenteil.

Justus ist hilfsbereit und immer willig und man kann sich auch auf ihn verlassen. Er ist eben nur sehr langsam. Oder kollegial ausgedrückt: es gibt kaum etwas, was ihn aus der Ruhe bringen kann. Und weil Justus nicht so schnell ist, erzähle ich jetzt auch etwas langsamer (d.h. für den Leser: bitte auch langsam lesen).

Wir stehen am Stütz und warten alle auf Kundschaft, entweder Laufkundschaft oder auf Fahrten, die von der Zentrale verteilt werden. Justus sitzt in seinem Fahrzeug und zerliest die Boulevard-Zeitung mit den vier Buchstaben. Die Zeitung ist von der Mittelkonsole über den ganzen

Beifahrerbereich ausgebreitet und er studiert sie intensiv. Zentralen-Ruf, Justus ist dran:

„Die Zwei, die Zwei bitte", ruft Maria.

Wir hören es alle mit und bemerken mit Erstaunen, dass sich bei Justus nichts regt. Sicherlich liest er in aller Ruhe den begonnenen Satz zu Ende. Jetzt, jetzt regt sich was. Die Zeitung wird verschoben, er greift suchend unter die Blätter und *Stunden später* findet er seine Funke, dann die Antwort:

„Die Zweiiiii".

Maria, eine Nachtfunkerin nennt ihm das Fahrtziel. Pause, dann:

„Wie war das?".

Maria wiederholt geduldig, wir wissen alle, dass Justus nicht so gut hören kann. Pause und dann

„Das kam nicht ganz an".

Maria atmet hörbar ein und wiederholt erneut, jetzt laut und langsam. Und dann das erlösende „Okay" von Justus. Manchmal, wenn Maria genervt ist, weist sie ihm eine längere Tour zu, damit er erst einmal *aus den Ätherwellen ist.*

Nun kann wieder in normaler Geschwindigkeit gelesen werden. Justus wird auch "Schmiddchen Schleicher" genannt, er kommt nicht aus dem Quark. Ich sage ihm: „Falls du vergessen hast, wie man das Fahrzeug vorwärts bewegt, unten rechts ist ein Pedal. Da musst du einfach nur drauftreten."

Wenn wir im Ort unterwegs sind, überhole ich ihn an jeder Ampel. Das geht doch gar nicht? Doch das geht. Und zwar so: wir fahren beide vom Stütz los. Ich überhole ihn, und fahre meine Tour. Während Justus die nächste Ampel erreicht, habe ich schon eine weitere Tour und überhole ihn wieder an der Ampel und so weiter und so weiter . . . .

Morgens machen wir gemeinsam die Abrechnung, jeder seine und alle Abrechnungen werden dann von der Nachtfunkerin zusammengefasst. Dann ist Feierabend. Alle sind fertig, nur Justus noch nicht. Nun hat er sich schon zum vierten Mal verrechnet. Maria verliert die Geduld.

„Mein Gott, du bist aber auch ein Umstandskrämer, sieh zu, dass du in die Strümpfe kommst".

Aber auch Justus ist ein gaaanz Lieber.

DER KLAPPERSTORCH

Ich werde zur Klinik gerufen. Hier wartet ein Vater mit seiner etwa vierjährigen Tochter. Er hat einen hochroten Kopf und macht einen sehr glücklichen Eindruck.

Vielleicht ist er wieder Vater geworden, denke ich.

Er öffnet die hintere Tür und grüßt höflich. Die Tochter krabbelt auf den Sitz. Er schnallt sie an und schließt die Tür. Dabei achtet er fürsorglich darauf, dass Beine, Arme, Kopf seiner Tochter, also alles was irgendwie zwischen Tür und Fahrzeug geraten kann, nicht im Weg ist. Er öffnet die Beifahrertür und will sich setzen.

„Oh, ich hab noch was vergessen" und zur Tochter gewandt:

„Ich muss noch mal zur Mami" und wieder zu mir:

„warten sie bitte einen Moment. Das ist Greta".

Ich schaue in den Rückspiegel:

„Hallo Greta, ich bin Kai".

„Hallo Kai"

und Schluss.

Dann:

„Nee, nee"

- Pause –

„Nee, ich will doch keine Kinder kriegen, nee".

Erstaunt drehe ich mich um und sage:

„Wieso, Kinder sind doch etwas Schönes",

weil mir so schnell nichts anderes einfällt.

Sie macht sich gerade und erklärt mir mit bitterernster Miene:

„Dass der Storch die Kinder bringt, ist ja in Ordnung. Aber das er den Mamis dabei so doll ins Bein beißt, dass die deshalb sogar für ein paar Tage ins Krankenhaus müssen, nee, mit so 'ner Schererei will ich nichts zu tun haben!"

Mich würde schon interessieren, wie vielen Kindern Greta das Leben schenken wird.

KURZTOUR

Es ist eilig. Die Abholadresse ist ein Mehrfamilienhaus.

Ich warte.

Der Vorgarten ist gepflegt, die Hecke schulterhoch geschnitten. Es sieht aus, als wenn der Gärtner gerade da war. Unter den Fahrradständern ist gefegt, die Hausbeleuchtung ist defekt. Aber es ist die Adresse, zu der ich eilig bestellt wurde.

Ich warte.

Vielleicht kann ich noch eine rauchen. Ich rauche nicht und warte immer noch.

Im Treppenhaus geht Licht an.

Dann geht es wieder aus.

Ich warte weiter.

Nun geht das Licht wieder an. Bewegung im Treppenhaus. Ein junger Mann, so um die 20, öffnet die Haustür. Vor sich her schiebt er ein Mädchen, das auf sehr wackeligen Beinen steht, obwohl sie flache Boots trägt.

Jetzt hat er die wohl 17-jährige fest um die Taille gepackt und *transportiert* sie zum Taxi. Leicht geht das nicht; denn es ist ein ungleiches Paar. Er ist nüchtern und sie wiegt wesentlich mehr als er - Umkehrschluss: sie ist deutlich angeschickert und er ist ein Hänfling. Umständlich bugsiert er sie auf die Rücksitzbank des Taxis und steigt selbst auf der anderen Seite ein. Er nennt mir das Fahrziel.

Ich stutze. Das ist doch nur eben um die Ecke! Doch bevor ich etwas sage, rufe ich mir ins Gedächtnis, wie schwierig es für ihn war, das Mädel die zehn Meter vom Haus ins Taxi zu bringen. Ich fahre los. Da vorne um die Ecke, noch ein Stück und halte wieder vor einem Mehrfamilienhaus mit gepflegtem Vorgarten. Die Hecke ist schulterhoch geschnitten. Die Hausbeleuchtung funktioniert.

„Macht Dreiachtzig".

Der junge Mann gibt mir 10 Euro und hält wortlos die Hand auf. Ich zähle genau 6,80

Euro zurück. Er steigt aus, geht um das Fahrzeug herum, zerrt das junge Mädchen heraus, fasst sie fest um die Taille, schlägt die Tür zu und bleibt unschlüssig stehen. Dann macht er mit ihr einen Schritt zur Beifahrertür, öffnet diese und fragt:

„Kannst du mir helfen? Sie wohnt unterm Dach".

„Ich hab schon die nächste Tour", lüge ich.

Hart schlägt er die Tür zu und versucht schwankend, das Mädchen zu bewegen. Langsam fahre ich an und sehe die beiden noch im Rückspiegel - nun nicht mehr. Aber im Haus können sie auch noch nicht sein, im Treppenhaus brennt noch kein Licht. Wo sind sie?

Auch ich habe nicht immer meinen besten Tag.

Ich bin Taxifahrer und grade heute nicht auch noch Samariter.

MICHAEL

Es gibt nicht nur Fahrgäste. Ich habe auch Kollegen. Zum Beispiel Michael. Alle nennen ihn so, aber es ist sein Spitzname. Wie er wirklich heißt, weiß ich gar nicht.

Michael ist ein Mensch, der durch sein bloßes Erscheinen Hektik verbreitet. Deshalb wird er auch "der Nervöse" genannt. Er ist das genaue Gegenteil zum Kollegen Justus. Michael ist Aushilfsfahrer und wir sind froh, ihn zu haben; denn man kann sich auf ihn verlassen, wenn Not am Mann ist. Meistens jedenfalls. Manchmal hat er aber einfach *keinen Bock*, dann sind ihm andere Dinge wichtiger. Dann lässt er schon mal einen großen Party-Abend *sausen* und feiert lieber seinen Geburtstag. Hinterher beschwert er sich aber, dass das in der letzten Zeit mit "Tipp" ja nicht so doll war.

Michael ist auch immer pünktlich. Er ist 15 Minuten vor Dienstbeginn da. Und wenn er die Tür öffnet - ja, dann halten wir anderen gleich die Luft an, weil: ohne, dass er etwas sagt oder tut, es knistert. Keiner weiß, warum, es ist eben so. Schenkt er sich dann einen Kaffee ein, warnen wir ihn:

„Pass auf Michael, die Kanne ist voll, verschütte nichts in deiner Hektik".

Dann stehen wir am ZOB, unterhalten uns und warten auf unsere Einsätze. Die Acht wird von der Zentrale gerufen. Jetzt ist Michael dran. Er bricht mitten im Erzählen ab, lässt alles stehen und liegen, eilt zu seinem Fahrzeug, schwingt sich hinein und ab geht die Post, Vollgas. Kurze Zeit später meldet er der Zentrale, dass am Treffpunkt niemand steht. Anweisung:

"Warte bitte, es sind 10 – 15 Minuten Wartezeit angesagt".

15 Minuten später:

„Es ist immer noch niemand hier",

„Warte bitte".

Er drängelt und drängelt. Das ist Michael. Es kann ihm nicht schnell genug gehen.

Andererseits: Michael bekommt eine Tour nach Arlewatt. Pause.

„Wohin?"

„Arlewatt".

„Kannst du das 'mal buchstabieren, bitte. Mein Navi im Handy hat das nicht".

Ich habe inzwischen eine Fahrt mit Fahrgästen nach Olderup, die den Funkverkehr mit verfolgen.

„A wie Anton, R wie Richard, L wie Ludwig, E wie Emil, W wie Wilhelm ..."

Meine Fahrgäste buchstabieren weiter mit:

„A wie Anton, zweimal Theodor"

und die Zentrale setzt etwas gereizt hinzu:

„und jetzt sagt nicht: die Vornamen hast du! Arlewatt!"

Meine Tour nach Olderup war ungefähr genauso weit, ich bin zurück und fahre schon die nächste Tour. Michael ist immer noch nicht zurück. Wahrscheinlich hat er sich doch noch mündlich durchfragen müssen.

Dann bekommt Michael eine Tour, irgendwo aus Schleswig jemanden abholen. Er lehnt die Fahrt mit der Begründung ab, dass sein Handy-Akku leer ist (er hat kein Ladekabel). Er benutzt das Navy aus dem Handy und deshalb kann er da jetzt nicht hinfahren. Der nächste Kollege fährt.

Am nächsten Morgen bei der Abrechnung hat Michael den besten Umsatz gefahren. Toll. Doch er beschwert sich, dass nicht so viel Tipp dabei herausgekommen ist. Ich frage ihn, ob er sich mal ernsthaft Gedanken gemacht hat, warum wohl nicht.

„Nö".

Er soll uns beide doch mal vergleichen. Er: beulige Jeans, Sweatshirt in undefinierbarer Farbe, Schuhe die normalerweise nicht mehr getragen werden und Haare die in alle Himmelsrichtungen stehen. Ich: ordentliche Jeans, frisches Hemd, Krawatte und saubere Schuhe, zu kämmen gibt's bei mir nicht viel.

„Und da fragst du dich, warum du nicht so viel Tipp kriegst"?

Dann holt Michael sein Handy heraus und zählt auf dem Rechner seine Touren und Einnahmen zusammen.

Eh, geht's noch? Mit dem Handy! Tolles Handy!?

Nachts konnte er wegen zu schwachem Akku nicht nach Schleswig und jetzt geht's wieder? Da hat er wohl nicht ganz mit dem Kopf gedacht. Er redet und redet, meint sicher, dass er damit die Situation retten kann und verbreitet wie immer Hektik, indem er seine Unterlagen auf dem Tisch hin und her schiebt, seine Kaffeetasse aufnimmt und wieder hinstellt, immer abwechselnd. Wir bitten ihn, einfach nach Hause zu gehen. Bevor er die Tür hinter sich schließt, raten wir ihm noch, sein Handy bis zur nächsten Schicht ordentlich aufzuladen; dann atmen wir alle beruhigt aus, gießen uns in aller Ruhe einen letzten Kaffee ein und schweigen. Wir genießen die Stille.

OPA JOHANN

Ganz wichtig ist, dass beim Aussprechen des Namens die Betonung auf der letzten Silbe liegt, also Opa JoHANN. Opa Johann ist so Mitte 70 und noch ganz gut beieinander, so als Mann gesehen. Wenn er nachts (und immer nur nachts) in der Zentrale anruft, *brennt die Luft*, dann muss der Fahrer, der 'dran ist in spätestens 20 Minuten bei ihm sein. Opa Johann muss schnellstens nach Neumünster gefahren werden, so bummelige 100 km. Heute bin ich mal wieder Derjenige.

Er kommt nie ohne seine Wasserflasche. Die ist auch unbedingt notwendig; denn wenn er erst einmal sitzt, dann fängt er an zu reden. Und redet und redet und redet. Pausen macht er nur zum Trinken, weil seine Kehle zwischenzeitlich trocken wird. Und wenn er redet ist er zufrieden, wenn man ab und an „Ja" sagt.

So mache ich das einfach in unregelmäßigen Abständen. Da Opa Johann aber oft dieselben Geschichten erzählt, hänge ich in der Zeit gerne meinen eigenen Gedanken nach. Als ich gerade mal wieder ein „Ja" einwerfe, dreht er sich entrüstet zu mir:

„Das meinst du doch jetzt nicht im Ernst!?".

Oh, da war wohl doch Zuhören gefragt und antworte kleinlaut:

„Nee, natürlich nicht" und alles ist wieder gut.

Opa Johann erzählt viel aus seinem Leben.

Von der Bundeswehr als er seinen Grundwehrersatzdienst abgeleistet hat zum Beispiel. Wie er bei einer Ernstfallübung mit den Kameraden einen Gasthof als Lager ausgesucht hat. Auf dem Tanzboden haben sie die Zelte aufgeschlagen. Draußen hat es geregnet. Sie haben aus dem Hühnerstall ein extra dickes Huhn zum Schlachten ausgesucht (im Ernstfall würde es sonst nichts anderes zu essen geben). Nur als es daran ging, das Huhn zu schlachten, traten die ersten Schwierigkeiten auf. Keiner wollte sich dazu bereit erklären. Aber Hunger hatten sie alle. Plötzlich richteten sich die Blicke der Kameraden auf ihn. Na ja, er hatte sich sowas schon gedacht. Am Ende bekam er natürlich das Wenigste ab - er wusste ja, wie's geht und konnte sich jederzeit selbst versorgen.

Oder als er noch zu Hause im Hotel Mama lebte. Und ihm eines Tages die Idee kam, zur See zu fahren, einfach so. So wie Freddy damals in "Heimweh nach St. Pauli" oder wie das hieß. Er sagte Mama nicht Bescheid, und heuerte als Moses an. Wohin war im egal. Er hatte die Route "gesamte Ostsee" erwischt. Und es hat ihm im Großen und Ganzen Spaß gemacht, aber so als Mädchen für alles und Putzlaputz - ne so wollte er das nicht unbedingt. Nach einem Jahr musterte er ab und meldete sich wieder bei Mama. Die war glücklich und zufrieden und hat ihn erst einmal eine Zeitlang richtig *bemuddert*, bis es ihm zu viel war. Und dann wurde er richtiger Seemann.

Und er erzählt auch von Charlotte. Charlotte ist in den 60ern und noch wirklich richtig attraktiv und (jetzt kommt der springende Punkt) sexuell unheimlich anspruchsvoll. Sie hat einen guten Freund, den Herrn Doktor, der gerne seine Zeit mit ihr verbringt - aber eben lieber etwas anders, als Charlotte sich das so vorstellt. Tja, und nun kommt Opa Johann ins Spiel. Er muss bei solchen "Engpässen" - wenn der Herr Doktor nicht möchte - einspringen. Deshalb kommen seine wöchentlichen Touren, auch schon zweimal in der Woche, immer so plötzlich. Ich denke jeder weiß, wovon hier gesprochen wird, oder etwa nicht?
Einmal habe ich außer nur „Ja" zu sagen, festzustellen gewagt:
"Sag mal Johann, das Vergnügen ist aber ziemlich kostspielig".

„Nö", antwortet er, „wir teilen uns den Spaß (Kosten) doch immer. Na ja, meistens. Wenn ich dich jetzt zu 100% bezahle, sehe ich die verauslagten 50% davon nicht mehr wieder. Deshalb rufe ich Charlotte doch immer an, wenn wir da sind, damit sie mit dem "halben Geld" plus Tipp 'runter kommt. Dann brauche ich ganz sicher nur die andere Hälfte mit Tipp zu bezahlen".

Und wo es gerade um das liebe Geld geht – Opa Johann möchte jetzt nur noch mit Taxlern fahren, die ein Navi haben. Die anderen fahren ihn ja einfach nur zum Bahnhof und von da muss er sich dann nochmal ein Taxi für 'n Zehner nehmen. Den gibt er lieber als Tipp.

Am nächsten Tag fährt er dann ganz suutsche mit Bahn und Bus zurück. Dann ist ja Zeit genug - bis zum nächsten eiligen Einsatz.

Viel Spaß Opa Johann!

POLIZIST

Ich werde zum "Nordsee-Hotel" gerufen. Es ist 20:30 Uhr. Als ich vorfahre, steht schon ein Mann Typ *Columbo* vor der Tür. Er steigt ein und sagt nur:

„Blauer Kaktus".

Blauer Kaktus - nie gehört. Ich versuche, mein Unwissen zu verstecken und frage höflich:

„Moin, Blauer Kaktus, okay - welchen?"

„Wieso, gibt es da mehrere?"

Tja, nun bin ich genauso schlau und muss bekennen:

„Wohin wollen Sie bitte?"

„Sie sind der Taxi-Fahrer."

Peng! Vielleicht weiß er ja auch nicht, wo das ist.

„Ja, ich bin der Taxi-Fahrer. Aber in Husum haben wir keinen *blauen Kaktus*."

„Wer sagt denn, dass der in Husum ist?"

Mein Gott, das wird schwierig. Der ist 'ne ganz harte Nuss.

„Würden sie mir bitte verraten, wo ich den finde?" frage ich zaghaft und rechne mit einer Antwort wie ‚Sie sind der Taxi-Fahrer'. Aber er kramt in der Manteltasche und zückt eine Visitenkarte, die er mir 'rüber reicht. Niebüll lese ich. Na, das ist ja schon 'mal eine Ansage. Die Anschrift gebe ich ins Navi und fahre los.

„Ich habs eilig", sagt *Columbo*. Ich gebe Gas. Auf der Landstraße, außerhalb der Ortschaft drücke ich aufs Gas und fahre 120 km/h.

„Sie wissen, dass sie zu schnell fahren?!" kommt sein Kommentar.

„Sie haben es eilig!?" kommt es von mir.

„Ich bin Polizist."

Ach du Sche... Er dreht sich im Sitz, sein Mantel springt auf und als ich genau hinsehe, fällt mir ein Holster mit Inhalt auf. Linkshänder! denke ich. Na ja, dann war *Columbo* ja gar nicht so verkehrt. Ich drossele meinen Motor und fahre die vorgeschriebene Geschwindigkeit.

„Sie sind *Kriminaler*? Auf Ermittlung? Das hab ich mir immer schon mal gewünscht, bei sowas dabei zu sein", was anderes fällt mir gerade nicht ein.

„Nein! Ich bin Polizist! Private Ermittlungen!", kommt seine Antwort von oben herab.

„Schade, das wäre auch zu schön gewesen".

Pause.

Plötzlich redet er weiter - ich habe das Gefühl, der Luzifer sitzt leibhaftig neben mir:

„Bei der Abschlussfeier in der Schule habe ich es geschworen: Ich werde Polizist und ich krieg euch alle. Wartet es ab."

Damit konnte ich jetzt nichts anfangen. Ist er in der Schule gemobbt worden? Dieses Wort kannte man zu seiner Schulzeit doch noch gar nicht. Was ist das für ein Mensch? Was ist in seinem Leben falsch gelaufen? Das kann doch nicht normal sein. Dem sitzt ja der Hass gegen alles bis in die Haarspitzen.

„Der Vater von Dietmar ist der größte Schlachter bei uns in der Gegend, steinreich. Den hab ich schon x-mal beim

Zuschnellfahren erwischt, aber es hat noch nie geklappt, dass er den Führerschein abgeben muss. Aber eines Tages . . . eines Tages krieg ich auch den. Ich muss dem doch klar machen, dass man mit Geld nicht alles machen kann. Der Dietmar hat immer mit dem Geld seines Vaters angegeben und konnte sich damit alles erkaufen, auch sein Abi." - Pause - „Heute bin ich hinter Ludwig her. Ich bin schließlich Polizist! Das macht der mit der Lotti nicht! Das ist so 'ne Nette."

Ich denke an die Pistole im Holster und mir wird ganz schlecht.

So, als ob Columbo meine Gedanken gelesen hat, fasst er an die Waffe und eröffnet er mir knapp:

„Die ist zum Angst machen!" Und dann berichtet er weiter in einem Ton, als ob er der Größte ist:

„Ich habe mich von ganz unten 'raufgearbeitet. Bin jetzt PHK Polizeihauptkommissar" und schmeißt sich in die Brust „ich werde es ihnen allen zeigen."

„Polizeihauptkommissar das ist doch was …"
sage ich anerkennend und denke: der ist
ungefähr in meinem Alter, da ist PHK doch
ganz normal, der hätte doch längst den
'Schulterschlag-Aufstieg' machen können.
Zwischenzeitlich haben wir den "Blauen
Kaktus" erreicht, er zahlt passend, ich atme
tief durch und sage:

„Na, dann viel Erfolg!" wobei auch immer.
Er dreht sich noch einmal um und sagt
fragend im herrischen Befehlston:

„Sie holen mich nachher wieder ab!?"
Ich will das nicht und antworte höflich:
„Wenn Sie soweit sind, rufen Sie einfach die
Zentrale an" und übergebe ihm die Firmen-
Visitenkarte.

Und im Wegfahren denke ich: mein Gott, ist
das ein armer Mensch. Mit der Art kann man
sich nicht viele Freunde machen.

REGENBOGEN

Es ist Sommer, richtig Sommer. Heute ist in Drelsdorf Scheunenfest und ich habe schon einige Gäste von dort nach Hause gefahren. Ich genieße die laue Nacht, außerdem ist Vollmond und ich beschließe, noch einmal dort hin zu fahren. Die Fete ist fast vorbei. Es sind nach meiner Schätzung noch ungefähr 20 Leute da. Die meisten von ihnen sind stark angetrunken. Von denen möchte ich nicht so gern jemanden fahren. Da weiß man nie. Manchen wird beim Autofahren dann ja erst richtig schlecht. Und ein vollgeko..., ein vollgespucktes Taxi muss ich nicht haben.

Ich stehe ich Sichtweite der Gäste und warte, höre dem unverständlichen Gegröle zu und hoffe, dass ich einen Fahrgast bekomme, von dem ich das Fahrtziel noch verstehen kann. Da hab' ich schon Sachen erlebt, bin dreimal im Kreis durch den Ort gefahren und der Fahrgast hat immer wieder gesagt:

„Nein, das ist nicht mein Haus".

Bis ich dann ziemlich entnervt geäußert habe:

„Aber irgendwo hier in Bredstedt müssen sie doch wohnen!?"

„Bredstedt, wir sind in Bredstedt? Ach, ich dachte wir sind schon in Niebüll, ich wohne in Niebüll".

Also Gas und weiter nach Niebüll. Da hat es dann auf Anhieb geklappt.

Dann kommt ein etwa 28jähriger schlanker Mann mit blonden, kurzen Haaren auf das Fahrzeug zu. Er trägt eine teure Jeans - das erkenne ich - , ein immer noch für die vorgerückte Stunde gut sitzendes, weißes Hemd mit aufgekrempelten Ärmeln und ein apfelgrünes Tuch um den Hals. Er nennt mir das Fahrziel. Ich fahre los und es entwickelt sich ein niveauvolles, abwechslungsreiches Gespräch. Er ist Maschinenbau-Ingenieur. Das habe ich nicht gedacht. Mir macht er eher den Eindruck nach Kunst oder Mode. Na ja, und dann gesteht er mir unvermittelt, dass ihn sein Freund vor 14 Tagen verlassen hat. Er wollte auf dieser Scheunenfete seine Einsamkeit vergessen. Aber so richtig hat das nicht geklappt. Dann reden wir über das Wetter und ob es wohl noch lange so schön bleiben wird. Und, dass man am Wetter ja Gottseidank nicht drehen kann.

Dann zum zweiten Mal:

„Mein Freund hat mich vor 14 Tagen verlassen. Er ist sich sicher nicht bewusst, wie traurig mich das macht".

Ich weiß nicht, worauf er hinaus will. Was soll das jetzt? Die Lösung folgt: „Wie wär's mit uns heute Nacht?"

Vorsichtig antworte ich:

„Ich bin nicht schwul, ich steh' auf Frauen".

„Das ist doch nicht schlimm. Probieren können wir's doch trotzdem 'mal".

Ich lehne wieder höflich ab.

Während das Gespräch wieder einen normalen Verlauf annimmt, legt er mir streichelnd seine Hand auf die Schulter. Allmählich werde ich ungehalten, versuche aber, weiterhin höflich zu bleiben und bitte ihn, seine Hand wegzunehmen. Mit Nachdruck sage ich noch einmal:

„Ich steh' auf Frauen."

Plötzlich legt er seine Hand auf meinen Oberschenkel und streichelt hinunter zum Knie und wieder hinauf, bis es nicht mehr weitergeht und dort vergräbt er seine Hand. Jetzt ist meine Schmerzgrenze erreicht und ich werde laut:

„Ich habe mich doch wohl verständlich ausgedrückt? Wir sprechen beide deutsch! Es ist Schluss damit! Ansonsten ist die Fahrt hier zu Ende!"

Kleinlaut gibt er sein „Okay". Und ich sehe gerade noch rechtzeitig aus dem Augenwinkel, wie sich seine linke Hand meinem Gesicht nähert, um es - wohl zur Entschuldigung - zu streicheln. Jetzt ist endgültig Schluss. Ich bremse abrupt und halte am Straßenrand:

„Ich hab's gesagt - raus!!"

Er verspricht wie ein kleines Kind, das bestimmt nicht wieder zu machen und ihn doch bitte nach Hause zu fahren. Der Rest der Fahrt verläuft schweigend.

Aber nein, damit ist die Geschichte noch nicht am Ende. Als ich den Fahrpreis nenne, entschuldigt er sich tausendmal und gesteht, kein Geld mehr dabei zu haben. Auch das noch. Ich soll mit 'rauf kommen. Da hat er das Geld. Na ja, mit gemischten Gefühlen folge ich ihm in den ersten Stock. Er öffnet die Wohnungstür, geht hinein, bittet mich nachzukommen und schließt die Tür. Angst habe ich keine, aber so richtig wohl ist mir auch nicht.

Während er nach dem Geld sucht, sehe ich mich in der Wohnung um. Hypermodern eingerichtet, geil, nur vom Feinsten. Viel Weiß, Leder und Chrom, hell gefliester Boden, dunkle Langhaar-Teppiche. Sehr nüchtern, fast spartanisch. Eine eigenwillige Mischung. Aber trotzdem nicht ungemütlich.

Endlich kommt er mit dem Geld. Zögerlich reicht er es mir und kann sich nicht verkneifen, zu betteln:

„Wollen wir nicht doch die restlichen Stunden der Nacht zusammen verbringen?"

Nun ist es wirklich genug! Wortlos nehme ich das Geld, habe auch schon die Wohnungstür in der Hand und sitze fast zeitgleich in meinem Taxi, verriegele die Türen und hau ab.

Ein paar Kilometer weiter halte ich an, steige aus und atme die sommerliche Morgenluft genussvoll und tief ein.

Jetzt muss ich erst einmal eine rauchen und bin froh, *heil* aus dieser Situation herausgekommen zu sein.

Ich bin um eine Erfahrung reicher.

SCHEIN-FAHRT

Heute bin ich mal wieder am Tage unterwegs, das heißt schon ab Fünfuhrdreißig. Also fast vor dem Wecken. Es steht eine sogenannte "Scheinfahrt" an, was so viel bedeutet wie: dem Fahrgast wird von seinem Arzt ein Transportschein "zur Beförderung zu/von einer Klinik von/nach zu Hause" ausgestellt. Der Fahrgast leistet dann (sofern er nicht befreit ist) - entsprechend der Entfernung - seine Zuzahlung. Aber nicht mehr als 10 Euro.

Von den meisten Fahrgästen bekomme ich Tipp; ich tu aber auch gerne etwas dafür: Tür aufhalten, beim Ein- und Aussteigen helfen, Gepäck und auch den Rollator verstauen und das Gepäck auch bis vor die (Wohnungs)Tür tragen. Dazu kommt auch immer ein freundliches, nettes Gespräch und - wenn gewünscht - auch noch die Lieblingsmusik.

Das Aufstehen ist mir leicht gefallen, die Sonne lacht schon vom Himmel, die Blüten der Blumen vor meiner Tür stahlen mir entgegen, die Vögel zwitschern. Es wird ein schöner Tag, das spüre ich an meiner guten Laune.

Pünktlich zum angesagten Termin um dreiviertel Sechs stehe ich vor der mir angesagten Adresse. Um Punkt sechs geht die Haustür auf und ein "sehr wohlbeleibter" Mann schleppt sich förmlich zu meinem Auto. Ich steige aus, gehe ums Auto herum, öffne lächelnd die Beifahrertür und grüße mit einem freundlichen „Moiiin". Keine Antwort, er schleppt sich wortlos Richtung hinterer Tür, steht und wartet. Ich schließe die Beifahrertür und öffne die Hintere. Er hat beim Einsteigen Schwierigkeiten. Ich beuge mich mit ausgestreckter Hand zu ihm, um zu helfen. Aber da plumpst er auch schon schwer in den Sitz. Ich denke blitzartig: Oh mein Gott, wie krieg ich den da wieder raus!!

„Sie wollen ins Klinikum X ?" frage ich, nur um was zu sagen – ich weiß ja, wo ich hinfahren soll.

„Ja."

War das jetzt alles? Ich fahr einen kurzen Weg durch die Stadt und nehme dann die Autobahn (Ansage vom Chef: IMMER die kürzeste Strecke!!). Als ich mich eingefädelt habe und die Strecke frei ist, setze ich den Tempomaten auf 140 km/h und *lasse laufen.*

„Müssen wir so schnell fahren?" kommt es vom Nebenmann.

„Hier darf man unbegrenzt fahren", entgegne ich einfach mal.

„Wenn ich fahre, fahre ich immer nur höchstens 100. Dann kann man noch was sehen. Und am liebsten fahre ich Landstraße. Hier sieht man ja nur Beton. Können sie nicht Landstraße fahren?"

„Nachher müssen wir sowieso ein Stück Landstraße fahren," entgegne ich.

„Können sie nicht langsamer fahren? Ich schau mir so gern die Landschaft an."

„Wann haben sie denn Termin im Klinikum?" frage ich.

„Ach, das ist egal. Wenn ich da bin, bin ich da. Da müssen die sich eben nach mir richten."

Ach so geht das, denke ich. Und dann geht es plötzlich los, mein Fahrgast redet, redet, redet. Aber leider nicht so, wie ich mir das wünsche. Er erzählt mir, dass er ja gerne arbeiten möchte und auch will, dass er aber aufgrund seiner Krankheit(en) nicht arbeiten kann. Und dann sind da die jungen Leute, die alle arbeiten können, aber alle nicht wollen. Wo soll denn da die Rente herkommen? Und dass er in diesem Jahr schon dreimal lange im Krankenhaus war, wegen der Knie und so. Ja, die Knochen sind alle kaputt.

Und ich denke so bei mir, während er weiter jammert: tja, vielleicht wäre mit etwas weniger Gewicht – also mit der richtigen Ernährung ja schon das halbe Ziel erreicht?!

„Also, was bleibt mir denn da noch. Das Einzige, woran ich im Leben noch Spaß hab, ist das Essen," höre ich ihn grade noch sagen. Nee, das gibt's doch jetzt nicht.

Ich biege von der Autobahn ab und muss jetzt das letzte Stück über die Landstraße fahren. Hier sind 100 km/h erlaubt und weil alles frei und übersichtlich ist, fahre ich diese Geschwindigkeit auch.

„Müssen wir so schnell fahren? Können sie nicht langsamer fahren? Ich fahre auf der Landstraße immer nur höchstens 60. Dann kann ich mir schön die Gegend ansehen. So mit 100 schießt die Landschaft ja nur so vorbei."

Ich bleibe still, sage einfach nichts und reduziere auch nicht die Geschwindigkeit. Punkt.

„Ja früher, da hatten meine Eltern noch einen Garten, das war schön. Wenn sie den noch hätten, ja. Da würde ich dann immer sein. Aber den mussten sie ja ersatzlos abgeben, als die Umgehungsstraße gebaut wurde. Ersatzlos. Mein Vater sagt immer, dass das schlechtweg (murmelmurmel) Enteignung war. Das war nach der Wende.

Da sieht man mal – DIE gibt's immer noch!"
das *die* betont er extra und laut.

Dabei weiß man doch, dass man gegen den Straßenbau so richtig nichts machen kann und außerdem heißt es (ich hab mich da mal schlau gemacht): Bei der Enteignung gilt als Gegenleistung die Entschädigung. Unter "Entschädigung" sind Leistungen zu verstehen, die im Enteignungsverfahren als Entschädigungen festgesetzt und dem Entschädigungsberechtigten zugesprochen werden. Sie werden gewährt für: den durch die Enteignung eintretenden Rechtsverlust und andere durch die Enteignung eintretende Vermögensnachteile – was auch immer das zu heißen hat.

Ich will in diesem Moment lieber kein Gespräch mit ihm führen, weil ich denke, egal in welche Richtung ich lenke, es ist sicher die falsche – er ist jetzt auf *Krawall gebürstet.*

Endlich sind wir an der Klinik angekommen. Abrechnungstechnisch ist nichts zu erledigen! Es gibt natürlich auch kein Trinkgeld. Und ich überlege ernsthaft, ob ich ihm aus dem Fahrzeug helfen will. Mein

Gutmensch in mir setzt sich durch. Ich steige aus, gehe ums Auto herum, öffne seine Tür und halte ihm sogar meinen Arm hin, um ihn "herauszuziehen". Aber er hat seinen Stolz. Er schraubt sich aus dem Sitz und schleppt sich wortlos zum Eingang der Klinik . . . . . Ich setze mich wieder hinters Steuer, gebe Gas und beschließe:

heute ist ein wunderschöner Tag, trotzdem!!

SELTSAM

Ich soll einen Fahrgast in Brekum am 'KK' abholen. Dafür fahre ich von Husum die B5 hoch bis zum Kreisverkehr und gleich die erste Ausfahrt raus. Dann links, rechts und wieder links. Da ist das im Volksmund genannte KK. Hier war ich noch nie. Und ehrlich gesagt, ich weiß auch nicht was KK bedeutet. Egal, ich habe ja die genaue Anschrift. Nun sehe ich ein Krankenhaus-Gebäude vor mir und denke, ich frage mal in der Zentrale nach, ob ich hier richtig bin, die Anschrift stimmt.

„Ich bin jetzt an einem Krankenhaus. Ist das richtig?" und setze etwas unsicher nach „Was heißt denn KK?"

„Ooh, mein Gott, Klapper-Kasten natürlich. Du bist richtig. Es wartet ein Besucher auf dich. Der will nach Flensburg zurück. Gute Fahrt."

Vor dem Gebäude wartet eine Person mit zu Hochwasser aufgekrempelter Hose, außen beige und das Aufgekrempelte ist weiß. Dazu trägt er ein grünes Sweat-Shirt und darunter ein weißes T-Shirt. Er sieht unrasiert aus. Vielleicht ist es aber auch ein ungepflegter Dreitage-Bart. Für mich sieht er aus wie "Willi".

Willi steigt vorne ein, macht einen aufgeregten Eindruck und sagt anstatt Begrüßung:

„Ich habe hundertachtzig Euro dabei und jetzt fahren wir nach Flensburg. Und gleich vornean in Flensburg fahren wir an die Tanke, Ballentines kaufen. Ich sage, wo es lang geht." Dann hat er rauf und runter "Roling home, roling home" gesungen und dabei so schön das Roling gerollt.

Solche Fahrgäste, die den Weg weisen, habe ich gern. Ehrlich. Die meinen immer, den kürzesten Weg zu wissen und meckern dann am Ziel über einen viel zu hohen Preis. Was das wohl wieder wird. Erst einmal lotst er mich zielsicher auf die L12. Das ist in Ordnung.

„Sag mal, sind hier schon Sitzkontakte eingebaut und hast du GPS?" und ohne eine Antwort abzuwarten, redet er weiter:

„Ich habe hier vor 14 Tagen meinen Bruder besucht. Und stell dir vor, da haben die mich doch glatt dabehalten. Einfach dabehalten. Das geht doch gar nicht. Auf der Station 11, da wo mein Bruder auch ist. Wir haben immer nach dem Essen eine Handvoll Tabletten bekommen. Und es hat einer aufgepasst, dass wir die auch alle schlucken. Nachmittags durften wir auf dem Flur spazieren gehen, raus durften wir nicht. Und dann mussten wir wieder in unsere Zimmer. Die Tür wurde dann von draußen abgeschlossen. Mich hat man sogar am Bett angeschnallt. Was war das denn? Wo war ich denn da?"

Ja, ich denke auch: Was ist das denn? Was erzählt Willi da. Ist das wahr, oder will er mich auf der Fahrt nur mit einem

"Döhnsche" unterhalten? Sowas kann nicht wahr sein.

„Meine Handys habe ich auch verloren. Ich hatte drei Stück mit. Eins wollte ich meinem Bruder da lassen, damit wir miteinander telefonieren können. Aber plötzlich war keins mehr da. Ich weiß auch nicht, wo ich sie verloren habe. Es hat sie auch niemand gefunden, ich habe alle gefragt. Also konnte ich mit meinem Bruder auch nicht telefonieren. Ich machte ihm den Vorschlag, dass ich wieder nach Hause fahre und zwei Neue besorge."

Und nun spinne ich die Geschichte mit und frage neugierig:

„Und wie bist du da raus gekommen?"

„Na, das war ganz einfach. Man muss ja auch mal auf die Toilette . . .

Und dann war da ja auch noch mein Bruder, der hat schon ganz schön geholfen. Aber genaue Details musst du gar nicht wissen. Das ist besser für dich. Ich bin dann einfach zur Information gegangen und habe mir ein Taxi bestellen lassen und nun sind wir hier."

Mein Gott, wo bin ich da rein geraten? Quatsch, der Willi macht doch nur Witze. Kurz bevor wir die A7 überqueren fängt Willi an, auf dem Armaturenbrett herumzutrommeln und grölt lauthals:

„Gleich bin ich zu Hause, ich bin so gern zu Hause, ratatatata".

„Du, hör mal lieber mit dem Getrommel auf. Nicht, dass du mir noch den Airbag auslöst", bitte ich Willi. Wir kommen zur B200 und er rutscht aufgeregt wie ein kleines Kind auf dem Sitz hin und her:

„Nimm die zweite Abfahrt, das ist die B199, die Osttangente und dann biegst du links auf die K26 ab, dann rechts und wieder rechts. Und gleich neben "Burger King" ist die Tankstelle. Da holst du mir Ballentines, Ballentines."

Er scheint sich wirklich auszukennen. Ich fahre seiner Beschreibung nach und ja, es passt alles. Ich halte und will ihn aussteigen lassen.

„Nee, du holst mir die Flasche. Unter achtzehn kriegt man doch keinen Alkohol" lacht Willi und drück mir einen Fuffi in die Hand. Ich lache auch und gehe einkaufen. Als ich ihm die Tüte und das Wechselgeld gebe, macht er einen ganz geknickten und traurigen Eindruck.

Ich frage: „Eyh Kumpel, was ist los?"

Willi guckt mich fragend an und nennt mir nun das Fahrtziel, seine Anschrift. Ich programmiere das Navy und fahre los.

„Sag mal, den wievielten haben wir heute?" fragt Willi.

„Den vierten".

„Weißt du, das ist schon richtig Scheiße" fängt Willi wieder an, ich sage gar nichts.

„Mir haben sie immer gesagt, es ist der fünfte. Dann hab ich ja nur noch sechsundzwanzig Tage".

„Wofür" frage ich.

„Für meine Wohnung. Ich bin doch so gerne dort und dann muss ich raus da. Gleich morgen such ich mir 'ne neue Bude. Muss ich ja. Bleibt nichts anderes übrig."

Irgendwie wird mir komisch zu mute. Wir haben das Ziel erreicht. Ich nenne ihm den

Fahrtpreis, nachdem Willi danach gefragt hat. Er einigt sich auf ein gutes Trinkgeld, drückt mir lachend das Geld in die Hand und sagt:

„Dann machs mal gut, mein Jung", steigt aus und sieht mich noch einmal, mit strahlenden Kinderaugen an ..... und ist weg.

Ich mache mich auf den Rückweg über die B200 und denke - ja, was denke ich denn? Auf jeden Fall bin ich verwirrt und weiß nicht wirklich, was ich denken soll. Ich fahre einfach.

Irgendwann kommt mir eine sehr kuriose Idee, sowas wie "Fluchthilfe", wirklich kurios? Unsinn, solche Geschichten gibt's doch nur im Film. Basta!

In den nächsten Tagen habe ich die Zeitungen aber doch aufmerksam nach "Entlaufenen" durchsucht; Gott sei Dank, erfolglos.

Alles Gute, Willi.

SOWAS GIBT ES WIRKLICH!

Als Urlaubsvertretung fahre ich ja auch am Tage.

So übernehme ich eine sogenannte *Krankenhausfahrt*.

Morgens um sieben Uhr soll ich eine Mutter mit Kleinkind von der Klinik A zur Klinik B fahren. Ich benenne die Kliniken absichtlich nicht namentlich. Pünktlich erscheine ich - wie angesagt - am Haupteingang der Klinik A, um meine Fahrgäste von der entsprechenden Station abzuholen. Ich gehe zum Empfang und trage mein Anliegen als Taxi-Fahrer vor: „Moin, ich soll hier Frau (ich nenne sie mal) Ixyzet abholen. Sie soll auf Station 24 sein und wartet auf mich. Ich bin das Taxi."

„Moment mal", antwortet mir die strenge Empfangsdame, „da sind sie hier aber falsch".

„Aber hier ist doch der Haupteingang?"

„Ja, aber die Station 24 finden sie am Haupteingang auf der anderen Seite des Geländes". Sie beschreibt mir ausführlich den Weg um das Gelände herum zur anderen Seite, zum anderen Haupteingang. Ich setze mich also wieder in Bewegung und folge den Anweisungen, bis ich wieder vor einem Haupteingang stehe. Erneut trage ich mein Anliegen - diesmal einem netten jungen Mann - vor, der bedauernd die Schultern zuckt und mich bittet: „Wenn sie so freundlich sein wollen und zum Haupteingang ..".

Ich lasse ihn nicht aussprechen und frage einfach dazwischen: „Entschuldigung, wie viele Haupteingänge gibt es denn hier?".

Nun entschuldigt er sich höflich und bittet mich, zum gegenüberliegenden Haupteingang zu gehen. Also trotte ich, nun schon etwas angekratzt auf den Haupteingang zu, der auf der anderen Straßenseite liegt.

Schon etwas genervt leiere ich meinen Spruch 'runter und bekomme von der dortigen Empfangsdame gelangweilt mitgeteilt: „Ziehen sie da drüben erstmal eine Nummer". Gehorsam befolge ich die Anweisung und ziehe an dem Automaten, der mit Rezeption bezeichnet ist, die Nummer 17. Und wie das beim Nummernziehen so ist, muss auch irgendwo eine Anzeigetafel sein. Ich lasse also meinen Blick schweifen und finde die Tafel. Und da steht schön groß in roten Buchstaben REZEPTION: und darunter Nr. 17". Das ist doch die Nummer, die ich gerade gezogen habe ----. Kann das sein? Ich gehe also wieder zu der *Gelangweilten*, schiebe ungehalten den Zettel 'rüber und frage barsch „Was iss nun?".

Und dann weist die *Gelangweilte* auf den Fahrstuhl und sagt: „Ja, da fahren sie mal in den 2. Stock und melden sich bei Schwester Isabell", dreht sich um und widmet sich ihrer Kaffeetasse.

Okay, also auf in den 2. Stock. Mittlerweile ist es schon sieben Uhr dreißig. Die Klinik B liegt aber 60 Kilometer entfernt und dort hat Frau Ixyzet um acht Uhr fünfzehn ihren nächsten Termin – es wird eng. Auf Station

24 frage ich nach Schwester Isabell. Die kommt hektisch um die Ecke geschossen, drückt mir einen braunen DIN-A4-Umschlag in die Hand und zieht mich mit zu einer Tür, die offen steht. In diesem Raum sitzt eine - ich sag mal - ausländische Mitbürgerin auf einem unbequem aussehenden Stuhl und hat ihren etwa 2jährigen Sohn auf dem Schoß. „Das ist sie", sagt Schwester Isabell und: „sie spricht weder deutsch, noch englisch. Sie haben ja die Unterlagen, die geben sie dann einfach in Klink B ab." Sie sieht mich musternd an, dann „sie machen das schon." Und weg ist sie. Ich gehe auf die Frau zu, zeige auf den Umschlag und sag einfach mal so: „nun kommen sie mal, die Zeit drängt". Ich weiß nicht, ob sie sie mich verstanden hat, aber sie steht etwas schwerfällig mit ihrem Sohn im Arm auf. Dabei sehe ich, dass sie ziemlich schwanger ist und nehme ihr das Kind ab. So geht es dann vielleicht etwas schneller.

Wir kommen verspätet in Klinik B an, ich schiebe den Umschlag über den Tresen am

Empfang und sage: „Das ist Frau Ixyzet, sie hat hier jetzt einen Temin".

Die *Empfangsdame mit Kuhaugen* blättert in einem zerfetzten Anmeldebuch „..... Frau Ixyzet? ....". Dann greift sie zum Telefonhörer und tippt. Ich höre um die Ecke ein Telefon klingeln und wie eine Frauenstimme „Gutzeit" sagt, bringe das aber nicht in einen Zusammenhang und dann – ich kann es nicht glauben, fragt die mit den *Kuhaugen*: „Hier ist der Termin 8-15, wer weiß da Bescheid?". „Ich hol da mal die Doktorsche, soll die sich kümmern".

Ich glaube es immer noch nicht. Warum telefonieren die Beiden miteinander, wenn sie sich auf Rufweite befinden? Wo bin ich hier? Im falschen Film?

Ich stehe mit Frau Ixyzet und ihrem Kind auf meinem Arm da, wie bestellt und nicht abgeholt. Gefühlte Stunden später kommt dann auch "die Doktorsche". Sie hat den Umschlag in der Hand, öffnet ihn langsam, überfliegt den sichtbaren Inhalt, sieht mich ungläubig an und sagt dann vorwurfsvoll:

„Das Kind! Neurologie! Folgen sie dem grünen Streifen! Der geht zur Neurologie! Kinder! Hier sind sie falsch!"

Wieso bin ich falsch, es geht schließlich um das Kind von Frau Ixyzet, nicht um mich.

Na gut, schlußendlich lande ich dann, immer dem grünen Streifen folgend, dem Kind auf dem Arm und der dazugehörenden, wieder schwangeren Mutter bei der *Chefarzt-Sekretärin* der Neurologischen Abteilung, Kinderstation. Mutter und Sohn verschwinden im Arztzimmer. Ich muss warten, weil ich nicht weiß, was mit den Beiden wird: dableiben oder wieder zurück oder wie auch immer. .... Ich habe schlicht und einfach *einen Hals* und zwar einen ganz dicken! Und während ich da ungeduldig warte, sprech' ich einfach die *Chefarzt-Sekretärin* ungehalten an und frage sie: „Was passiert denn jetzt? Dauert das noch lange?"

Sie sieht mich an, dann telefoniert sie: „Ach so, jaa, ja, okay" und zu mir: „die Beiden bleiben hier. Und nun werden sie 'mal nicht zappelig. Ihrem Kind passiert schon nichts".

Jetzt ist es aber gut: „Meinem Kind? MEINEM Kind? Ich bin hier nur der Taxifahrer, der TAXIFAHRER!! Wer bezahlt jetzt die ganze Wartezeit? (abgerechnet wird auf Rechnung: 'Krankenfahrt'). Die Zeit kann mein Chef sich doch jetzt nicht in die Haare schmieren!!?". Mein Gott, so wütend war ich lange nicht. Ich muss mich tüchtig zusammen reißen.

Gnädigerweise genehmigt Frau *Chefarzt-Sekretärin* eine ganze Stunde Wartezeit, und das, ohne irgendwo erneut nachzufragen – tüchtig.

Auf dem Rückweg zum Stütz muss ich erstmal wieder runter kommen und höre ziemlich laut ACDC "Highway To Hell ...."

THEMA 1

Man kann es nicht glauben. Und ich habe es nicht für möglich gehalten. Thema 1 meiner Fahrgäste - aller Fahrgäste - ist Sex. Ja, Sex. Ich sage doch, man kann es nicht glauben. Egal, ob Weibchen oder Männchen, jung oder alt. Es dreht sich überwiegend nur um dieses Thema.

Männer erzählen mir von ihren gerade gehabten *Erlebnissen* oder von den zu erwartenden Abenteuern. Frauen *beichten* mir ihre geheimsten, sexuellen Wünsche, bis ich rot werde. Na ja, und die Gespräche, die ich im Fahrzeug mitbekomme und in die ich ungewollte mit einbezogen werde, sind auch nicht ohne. Da erlebt man wirklich was. Als Taxifahrer bist du sowas Ähnliches wie ein Beichtvater – nur ohne Kirche.

Und manchmal wirst du auch von weiblichen Fahrgästen – die dir schon einmal *sexistische Sachen* erzählt haben - als

'Freiwild' betrachtet. So, als ob die denken: Der weiß sowieso, wie ich ticke. Da brauch ich keine Hemmungen zu haben.

So hat mich ein weiblicher Ex-Fahrgast - wie sich im Nachhinein herausstellt - unter einem Vorwand für eine Fahrt bestellt. Ich stehe zum geforderten Zeitpunkt vor der Tür und will mir grade vor dem Auto eine Zigarette anzünden, da geht im 2.Stock ein Fenster auf, eine Frau hängt sich 'raus und ruft flüsternd hinunter: „Fahr' mal da hinten auf den Hof und komm 'rauf".

Ich will nicht diskutieren, ich bin müde und habe nach dieser Tour Feierabend, es ist sechs Uhr morgens. Ich trabe in den 2.Stock und denk auch gar nicht darüber nach, was mich vielleicht erwartet.

Rrrrichtig, da steht die vielzitierte *Frau im Negligé*. Nur, ich bin nicht der Briefträger. Aber so, wie die mich ansieht, will sie auf den nicht warten.

„Wo ist mein Fahrgast?" frage ich kurz angebunden.

„Was kostet eine Tour zum ZOB?" fragt sie.

„Fünfachtzig" antworte ich unwillig.

„Okay, hier sind zehn" sagt sie, indem sie mir den Schein gibt.

„Und wo ist mein Fahrgast?" wiederhole ich meine erste Frage.

„Den gibt es nicht" antwortet sie und schaut mich (wie sie wohl meint) verführerisch an.

„Und was soll das?" frage ich leicht genervt.

„Ja, was wohl!?" sagt sie, indem sie langsam auf mich zu kommt.

Ich strecke ihr den Zehner mit ganz langem Arm entgegen. Sie scheint ihn gar nicht zu sehen. Ich lege ihn zurück auf den Tisch neben mir. Jetzt hab ich auch endlich meine Sprache wieder gefunden.

„Nee Mädchen, so läuft das nicht bei mir (und ich denke: da muss schon was Anderes kommen und im Dienst sowieso nicht). Wünsche noch einen guten Morgen!", drehe mich um, gehe die Treppen hinunter, setzt mich in mein Taxi, fahre zum Stütz und mache Feierabend.

Ein paar Tage später werde ich zum Chef 'gebeten'.

Ich soll einer Dame während einer Fahrt *zu nahe* gekommen sein. Ja, gibt's denn sowas? Und während ich mich verbal über so eine Frechheit errege, fällt mir die Negligé-Dame ein. Ich erzähle meinem Chef die Geschichte, obwohl das nicht meine Art ist. Aber solche Anschuldigungen muss man in dieser Branche gleich im Keim ersticken, sonst bleibt immer was hängen, auch wenn es nicht wahr ist.

Und mein Chef lächelt süffisant und sagt:

„Ach diiiie ...., die kennen wir alle. Da war jeder von uns schon mal. Aber das die jetzt zu solchen Mitteln greift ..... Ich glaub, bei der nächsten Bestellung dieser Dame, schick ich einfach meine Frau vorbei ....."

TOBI

Heute bin ich von Tobi „gebucht". Ich soll ihn so gegen Zweiuhrdreißig von einer Scheunenfete abholen. Tobi fährt gerne mit mir, weil ich immer so geile Mukke im Auto habe. Tobi zu fahren macht mir auch Spaß, weil er ein junger Mann ist, der anders ist als die Anderen. Nein, nicht *so* anders. Er ist einfach nett, höflich, mit realistischen 'Grabben im Kopp' und mit seinen 24 Jahren auch manchmal noch ein 7jähriger. Tobi hat nach der Schule und einer Findungszeit - wie er es nennt - eine Lehre zum Forstwirt angefangen, die ihm richtig Spaß macht. Er arbeitet gerne mit und in der Natur. Ja und Tobi hat auch Verständnis für das 'Alter'. Schon mit 16 hat er dafür gesorgt, dass seine Omi endlich mal wieder tanzen kann. Sie hatte sich darüber geärgert, dass es zwar immer mehr Discos für die ganz Jungen gibt aber Nichts, wo sie und die ihres Alters sich beinbewegend amüsieren können. So ging Tobi einfach mal zu Kuddel, zu Karl Scholz. Der 'macht' schon immer den Krug im Nachbardorf und hat einen Festsaal, der noch Auslastung gebrauchen kann. Tobi hat Kuddel gefragt, ob er nicht einmal im Monat sowas wie Senioren-Tanz-Tee machen kann, damit Omi mal wieder das Tanzbein schwingen kann. Kuddel hatte Bedenken, wegen der Saalmiete. Und Tobi hat frech geantwortet, dass er eher an eine kostenlose Zurverfügungstellung dachte. Der Umsatz würde doch dann das Geschäft daran sein. Wenn der Saal leer ist, gibt's gar kein Geld. Ja, und man soll es nicht glauben: seit acht Jahren ist "KUDDEL's STT" zur monatlichen festen Veranstaltung geworden, Hilde kann ihrer großen Leidenschaft, dem Kuchen- und Tortenbacken frönen und der Alleinunterhalter mit Akkordeon wurde schon ziemlich bald durch eine 'Senioren-Combo' ersetzt. Und alles nur, weil Tobi mal gefragt hat. Ich finde, das hat er sehr gut gemacht.

Na ja, und den Tobi hole ich jetzt ab. Ich bin schon um viertel drei da und beobachte die jungen Leute, wie sie aus der Scheune kommen. Die meisten können nicht mehr so richtig allein gehen. Und da kommt Tobi. Er geht auch nicht allein. Aber nicht er wird gestützt, nein - wie sollte es auch anders sein - er stützt. Er stützt Thorsten und bugsiert ihn zu meinem Taxi. Ich habe mich kurz mit der Lichthupe bemerkbar gemacht. Hintere Tür auf, Thorsten rein, hintere Tür zu. Dann lässt Tobi sich auf den Beifahrersitz fallen und lacht: „der ist bedient, fahr mal die Kurven nicht so scharf. Ach ja und Moin. Schön, dass du da bist."

Ich schiebe fetzige Party-Musik ein und fahr dann mal los. Während wir Zwei und Wolle Petry den 'Wahnsinn' hinausbrüllen, kommt auch von Hinten Zustimmung.

„Bieg mal hier links rein, wenn du dich traust", schlägt Tobi vor.

„Ich trau mich immer". Es ist ein Forstweg, asphaltiert und breit genug für EIN Fahrzeug. Was soll da schon früh morgens passieren.

Wir grölen weiter, wie verrückt, ich gebe ordentlich Gas, ich schneide eine scharfe Linkskurve und muss dann plötzlich stark in die Eisen steigen. Vor uns auf der Straße stehen drei Frischlinge. Es sieht aus, als ob sie gemütlich Ringelreigen spielen. Tobi starrt aus dem Fenster, schnallt sich ganz langsam und leise ab, so – als wenn er sonst die Tiere erschrickt. Ja, nein, und jetzt steigt er auch noch aus. Ich flüstere hinterher: „Tobi, komm zurück. Steig wieder ein . . ." Aber er lässt sich nicht beirren. Er rennt zu den Tieren.

„Sind die nicht süß? Guck mal, wie niedlich" und beugt sich zu ihnen 'runter. Ich glaub, der will sie streicheln.

„Tobi, lass das!" rufe ich jetzt ziemlich laut. Ja, ich schreie das und „denk an die Sau! Fass die Lütten NICHT an!!"

Er tanzt um die Kleinen herum, so als ob er mitspielen will. Da höre ich es grunzen. Ich steige nicht aus, versuche immer noch, Tobi mit Worten zurückzuholen. Plötzlich wird die hintere Tür sehr geräuschvoll aufgestoßen, Thorsten schraubt sich aus dem Sitz. Bis jetzt hat er geschlafen. Er hängt sich über die Tür und grölt wie ein Bär: „Tobi du Spinner, beweg sofort deinen Arsch ins Auto zurück", lässt sich wieder in den Sitz fallen und schläft einfach weiter. Und wie von Geisterhand gelenkt, dreht Tobi sich um und kommt ins Auto zurück.

„Aber fahr jetzt nicht los, pass auf die Kleinen auf" und nach einer Pause grinst er mich an „vielleicht kommt die Alte ja doch noch!?" Darauf will ich lieber nicht warten und fahre ganz langsam an, die Frischlinge schießen ins hohe Gras an der Straße und alles ist vorbei. Nur Tobi kann sich immer noch nicht beruhigen. Selbst zu Hause beim Aussteigen wiederholt er immer noch ganz euphorisch, dass er noch nie Frischlinge so dicht gesehen hat und das, wo er doch Forstwirt lernt.

Ich glaube, der Tobi träumt den Rest der Nacht von 'Ich und tausend Frischlinge'.

Und das ist das, warum ich den Tobi so mag!

TRÄUMEREIEN

Die Beifahrertür wird aufgerissen.

Ein etwa 35 bis 40jähriger Mann mit ungepflegter Frisur und schmuddeligem Parker pflanzt sich auf den Beifahrersitz, hält einen Ausweis hoch und keucht völlig außer Atem:

„Polizei - *Pause* - folgen sie dem schwarzen Mercedes - *Pause* - unauffällig - *Pause* - dichter ran, nein nicht sooo dicht - *Pause* - Achtung, der biegt da vorne links ab . . . . "

Davon träumt jeder Taxi-Fahrer. Ich auch. Und ich glaube, dass ich nachts die besseren Chancen auf Erfüllung dieses Traumes habe.

Aber heute Nacht sitze ich in meinem Taxi vor 'Bramms Weinstube'. Es ist Zweiuhrfünfunddreißig und ich warte auf Fahrgäste, die das *rauschende Fest* verlassen. Das heißt: VOR 'Bramms Weinstube' stimmt nicht ganz; denn vor der

Weinstube stehen mehrere private Fahrzeuge, deren Fahrer wohl annehmen, dass sie mit ihrem Fahrzeug nach Hause fahren. Fakt aber ist, dass diese Fahrzeuge auch noch am Mittag davor stehen werden. Also suche ich mir den nächst gelegenen, freien Parkplatz, schalte das TAXI-Schild ein und hoffe, dass es ganz besonders hell leuchtet, wenn jemand das Lokal verlässt und nach Hause will.

Um mir die Wartezeit auf einen Fahrgast zu verkürzen, krame ich einen alten 'Jerry-Cotton' hervor. In der Hoffnung, mich nicht mehr an die Handlung erinnern zu können, schlage ich das Heft einfach irgendwo auf und fange an zu lesen. Nach drei Sätzen weiß ich, wie es weiter geht. Ich versuche es erneut an anderer Stelle. Nach drei Sätzen weiß ich, wie es weiter geht. Und so weiter, und so weiter. Langsam werde ich müde . . .

Plötzlich schieße ich hoch, die Tür von 'Bramms Weinstube' wird mit Schwung aufgestoßen, eine Gestalt kommt 'rausgeschossen und rennt nach rechts weg, ein Mann. Ein paar Meter weiter verhält er, schleicht sich zwischen die parkenden Fahrzeuge und hockt sich auf der Fahrbahn hinter einen PKW.

Nun stürmen mehrere Personen aufgeregt schreiend aus dem Lokal. Wortfetzen wie:

"Wo ist er hin …?",

"…nicht wahr sein!",

"Wieviel war es denn?"

dringen zu mir rüber. Hat er in die Kasse gegriffen? Ich suche die hockende Gestalt und bemerke, dass sie sich weiter in meine Richtung bewegt hat, auf allen Vieren, hinter den Fahrzeugen, auf der Fahrbahn. Plötzlich richtet der Mann sich auf und rennt mit einem ungeheuren Antritt los, weiter in meine Richtung.

Sechs … fünf … vier Schritte noch und er hat mein Taxi erreicht.

Mit Wucht drücke ich die Fahrertür auf und . . . Woommm !!!

„Oau! Verdammt! Scheiss!"

Ich steige schnell aus, um nach ihm zu sehen. Na ja vielleicht auch, um zu verhindern, dass er nicht wieder weg läuft. Die 'Menschenmenge' vor dem Lokal bewegt sich in meine Richtung. Einige beugen sich über den immer noch auf der Straße liegenden Mann. Er reibt sich das Knie und die Hüfte. Dann rappelt er sich hoch und kommt mit schmerzverzerrtem Gesicht auf mich zu. Auf mich, wieso auf mich?

„Das kommt dich teuer zu stehen. Ich versteh mich auf Schmerzensgeld!",

schreit er und zeigt mir den *Stinkefinger*. Was hab ich jetzt mit der Sache zu tun? Ich will doch nur helfen. Da kommt auch schon das Blaulicht um die Ecke gebogen. Gott sei Dank.

Die Beamten kommen langsam auf die Menschentraube zu. Mittendrin der 'Ausreißer' und ich.

„Wassn passiert?" fragt einer der Polizisten lax und sieht mich dabei an.

„Der hat die Zeche geprellt, 37 Euro. Ich bin der Wirt", sagt Herr Bramms. Ich kenne ihn persönlich, ein netter und gutmütiger Mensch.

„Und was ist das?" fragt der Polizist weiter, zeigt auf die Fahrertür vom Taxi und auf mich.

„Der wollte abhauen, da hab ich ihn einfach mit der Tür gebremst" antworte ich wahrheitsgemäß.

„Das ist Körperverletzung, ich zeig dich an", meldet sich der *Zechpreller* zu Wort.

„Nun mal alle ganz langsam und ruhig", sagt der zweite Polizist und an den Wirt gerichtet: „Sie wollen doch wegen der 37 Euro keine Anzeige erstatten?!"

„Ach nee", antwortet Herr Bramms kleinlaut „so schlimm ist es ja nicht. Schon gut so", dreht sich um und verschwindet mit den anderen Gästen, die auf den Schreck erst einmal einen Schluck brauchen.

Angebot von Herrn Bramms: „Lokalrunde!!" Großes Gejohle.

Tja, und nun stehen der *Zechpreller*, der Jürgens heißt, die Beamten und ich der zerbeulten Fahrertür gegenüber - kein kleiner Schaden, das Fahrzeug ist noch nicht so alt und mit Ausbeulen ist da wohl nichts zu machen. Eins weiß ich genau: ich bezahl das nicht !!

„Da einigt euch mal Beide. Am besten Halbe/Halbe", schlägt der eine Polizist vor und die Beiden wollen sich *verpissen*.

Nee, das kommt gar nicht in Frage. Ich bitte die Beiden, noch zu warten. Ich will erstmal meinen Chef anrufen. Jetzt. Mitten in der Nacht, der wird sich bedanken. Da ist der Ärger doch schon programmiert.

Entgegen meiner Annahme ist mein Herr Stannt verständnisvoll und macht mir keine Vorhaltungen. Ich solle ihm aber mit Hilfe der Polizisten den genauen Namen und die Adresse des Herrn Jürgens besorgen. Okay, ich habe die Daten aus dem Ausweis abgeschrieben und gut war.

Dass Herr Stannt die Daten für eine Anzeige wegen Sachbeschädigung benötigt, habe ich natürlich nicht zum Besten gegeben.

Soviel zu den Träumereien eines Taxi-Fahrers.

Sollte ich noch einmal in eine solche Lage kommen, werde ich sowas von vertieft in meinen 'Jerry Cotton' sein, dass mich nichts stören kann. Aber rein gar nichts. Sicher ist das dann auch wieder verkehrt.

Und so beschließe ich jetzt, es von der Situation anhängig zu machen - dann hab ich alle Türen offen.

VON RANG UND ADEL

Von der Sporthalle soll ich einen Fahrgast nach einem Tischtennis-Turnier abholen. Ich bekomme die Instruktion, dass es sich um einen Kunden handelt, dessen ganze Familie 'auf Rechnung' fährt. Das heißt, dass ich nach der Fahrt der Zentrale die gefahrene Strecke durchgebe - und gut ist. Er bekommt dann am Ende des Monats über alle Fahrten eine Gesamtrechnung. Tja, mit *Tipp* ist bei solchen Fahrten nicht zu rechnen.

Ich fahre also zur Sporthalle und warte auf meinen Fahrgast. Und da sehe ich ihn auch schon. Es handelt sich um den Herrn Nowitzky - ich habe ihn schon ein paarmal gefahren.

Der Herr Nowitzky gibt sich gerne wie ein Mensch von Rang und Adel, der er gar nicht ist. Er ist der Herr und Dienstleister sind das *Gescherr*. Es hat uns Taxi-Fahrern eine Ehre zu sein, ihn befördern zu dürfen. Seine Ausstrahlung: arrogant hoch 3 und geizig hoch 4. Dabei ist er genau so ein Mensch wie ich. Wir kommen beide aus den neuen Bundesländern - nur, dass ich mir nichts darauf einbilde. Deutsch ist deutsch, egal woher. Ruck zuck hat er hier ein Unternehmen aus dem Boden gestampft. Mit Fördergeldern und eigener 'Masse', dessen Herkunft keiner so genau kennt. So konnte er sich ein Anwesen auf dem Grund und Boden der Firma im Industriegebiet leisten, das so manchen neidisch werden lässt. Mich nicht - ich bin mit meiner Mietwohnung zufrieden, die ich mir von meinem eigenen, ehrlich - aber nicht leicht - verdienten Geld leisten kann. Nein, ich neide ihm dieses große, im südländischen Stil erbaute, bewundernswerte Anwesen wirklich nicht. Ich wüsste ja gar nicht, wovon ich es unterhalten sollte. Allein der Gärtner ist dort *fulltime*-mäßig beschäftigt; im Winter allerdings mit Schneeräumung der Auffahrt und der Besucher-Parkplätze. Na ja und 'den Hausmeister' macht er auch noch nebenbei. Ich fahre den Herrn Nowitzky also nach Hause, die breite Auffahrt hinauf, direkt bis vor die private Eingangstür.

Er greift mit der Bemerkung: „Die Scheine sind in der Rechten", in die linke Sakko-Tasche und reicht mir jovial eine Münze. „Das sind zwei Euro, machen Sie sich einen schönen Tag".

Ich bedanke mich höflich (obwohl mir das ehrlich schwer fällt) mit einem angedeuteten Diener und denke bei mir: das wird aber ein sehr kurzer Tag. Na gut, dann bleibt wenigstens der Rest des Tages zum Arbeiten.

Zu vorgeschrittener Stunde bekomme ich noch eine 'Rechnungsfahrt'. Ich soll aus dem "Pub" einen Fahrgast abholen. Ich gehe hinein und frage, wer ein Taxi bestellt hat. Der Arm des Wirts weist kommentarlos auf einen ungefähr dreiundzwanzigjährigen *jungen Schnösel*, so ein Typ 'was wollt ihr denn alle: ICH bin vorne, ihr könnt mich alle mal am –*piiep*- lecken". Ich wende mich ihm zu und sage höflich:

„Ihr Taxi ist da."

„Sie sind der Taxi-Fahrer?"

„Ja."

„Da müssen sie leider noch warten, hab' noch einen Drink."

„Ich warte draußen."

„Das ist auch besser so, Personal hat hier nichts zu suchen!"

Ich drehe mich um, ich muss hier ganz schnell raus. Der Wirt kommt hinter dem Tresen vor und raunt mir leise von der Seite zu:

„Tut mir leid, für meine Gäste kann ich nichts."

„Iss schon gut, danke."

Draußen lehne ich mich ans Taxi und warte. Da kommen drei junge Männer auf mich zu und fragen höflich:

„Kannst Du uns nach Hause fahren?"

„Ich habe schon einen Fahrgast. Ich warte nur auf den. Aber vielleicht könnt ihr euch ja einigen. Fragt ihn doch, wenn er kommt.

176

Na, und da kommt er auch schon.

„Eye, ihr Wichser, was wollt ihr denn hier?"

„Wir haben gedacht, wir können uns das Taxi vielleicht teilen?" fragt einer der Drei.

„Ihr spinnt wohl! Das ist MEIN Taxi! Verpisst euch!"

Die Drei drehen ab und ich rufe noch hinterher:

„Tut mir leid", zu dem *Schnösel* gerichtet „dann wollen wir mal" und steige ein. Aber ich hatte die Rechnung ohne diesen (und das denke ich jetzt wirklich nur für mich) Großkotz gemacht.

„Momentmal, wann wir wollen, bestimme ich. Jetzt rauch' ich erst mal Eine und DANN können wir fahren." Auch gut. Nachdem er aufgeraucht hat, setzt er sich gebieterisch auf den Beifahrersitz:

„So - Pause - JETZT können wir."

„Ja, und wo soll es hingehen?"

„Zu mir natürlich." Langsam fange ich an, ungehalten zu werden:

„Und wo bitte ist 'zu mir'?"

„Das wissen alle Taxifahrer."

„Ich leider noch nicht" und ich frage auch nicht noch einmal.

„Am Steig, das wissen Alle. Ich bin Nowitzky - Gunther mit TH Nowitzky - ich fahre auf Familienrechnung."

Ich verkneife mir jeglichen Kommentar und fahre zur angesagten Straße, die Nummer wird er mir ja sicherlich auch noch verraten. Die Fahrt verläuft schweigend. Das ist auch besser so.

„Hier! Halt!"

Ich bremse abrupt und das Fahrzeug steht. Er steigt aus, dreht sich noch einmal um und bevor er endlich verschwindet, wirft er mir eine Münze in den Becherhalter, so wie man einem Köter einen schon abgenagten Knochen hinwirft: friss oder stirb! Ich wage gar nicht nachzusehen, was für eine Münze das ist, vielleicht so eine Kaffee-Marke. Nein, es ist wirklich eine 1€-Münze, immerhin. Ich will ja nicht undankbar sein, aber da sind mir gerne gegebene 20 Cent mehr Wert.

Gene vererben sich, das ist bekannt. Aber heute habe ich erlebt, dass sich schlechte Gene sogar verdoppeln können.

WEIHNACHTEN

Es ist der zweite Weihnachtstag. In "Maluches Gasthof" ist heute Weihnachtstanz. Sicher gibt es hier um diese Zeit Kundschaft für mich.

Es ist 3:45 Uhr, genau genommen also schon der 27.12., als nach Anklopfen die Beifahrertür geöffnet wird. Träume ich - ein Weihnachts-Engel? Ein ganz leicht angezullerter Engel. Ungefähr einsfünfundsechszig groß, bei so um die 55kg, dunkle, schulterlange gewellte Haare. Und Augen! Zwei große, strahlende, tiefdunkelbraune Augen! Ich spüre, wie mein Mund ganz trocken wird. Ich muss einfach in diese dunklen Augen schauen und schlucke! Entdecke ich da Traurigkeit? Ja, etwas. Aber da ist auch der Schalk ein wenig versteckt. Mein Gott, sind das Augen! Jetzt bewegt sich der Mund unter den Traum-Augen und wie aus ganz weiter Ferne fragt der Weihnachtsengel:

„Sind sie frei?"

Ich schlucke, damit ich antworten kann. Ich habe das Gefühl, dass nur ein geflüstertes „Ja" zu hören ist. Und schon sitzt diese wunderschöne Frau im Auto und nennt mir das Fahrtziel. Dabei sieht sie mich ständig an. Sie lässt ihre Augen nicht von mir. Diese Augen! Ich will mich mit ihr unterhalten. Die Fahrt wird nicht lange dauern. Zwischenzeitlich macht sie es sich auf dem Sitz gemütlich und dreht sich so, dass sie mich weiter ungeniert ansehen kann. Und dann erzählt sie mir auch schon frei heraus, dass sie seit zweieinhalb Jahren geschieden ist und gehofft hat, hier auf dieser Weihnachtsfete etwas Neues zu finden. Aber so richtig sei nichts dabei gewesen. Ich spüre ihren schmachtenden Blick auf meinem Gesicht als sie dann sagt:

„Das Beste kommt immer zum Schluss".

Sie redet und redet, ich komme nicht zu Wort.

Dann fragt sie unvermittelt:

„Kannst du nicht bei deiner Zentrale sagen, dass du eine Stunde Pause machst? Ich würde gern mit dir ins Bett gehen".

Das kommt mir jetzt doch etwas plötzlich. Mit so etwas habe ich wirklich nicht gerechnet.

„Du das tut mir leid" und so meine ich das wirklich „meine Schicht geht noch bis 6:00 Uhr".

Ich halte vor der Zieladresse und nenne ihr den Fahrpreis, den sie mit großzügigem Tipp bezahlt, mich dabei immer noch ansieht und wiederholt: „Ich würde wirklich gern mit dir ins Bett gehen. Komm doch dann einfach nach Feierabend".

Ehrlich, ich kämpfe mit mir und komme dabei ziemlich ins Schwitzen.

Ich versuche zu erklären, auch weil sie doch ein bisschen angezullert ist: „Du, hör zu. Wenn ich nachher ausgeschlafen habe und dann bei dir klingle, machst du die Tür auf und fragst mich verständnislos wer ich bin und was ich will".

Und zu mir:

Nein!   Nichts mit einem Fahrgast anfangen
          - das ist die Regel!

Sie steigt aus, dreht sich um und schaut
mich mit diesen unbeschreiblichen Augen an
„Schade ...".
Sie geht auf das Haus zu   -   schöne Beine,
sexy Po   -   und der Engel verschwindet im
Dunkel.
Wer weiß, schließlich bin ich auch mal Privat
-   und ihre Adresse habe ich ja ......
Frohe Weihnachten!

WEIHNACHTEN,
DIESMAL ETWAS ANDERS

Ja, es ist wieder einmal Weihnachten und ich fahre jeden der Festtage. Das ist ein gutes Mittel, um zu vergessen, dass zu Hause niemand wartet.

Und ich habe mir gedacht, diesmal mache ich meinen Fahrgästen eine kleine Freude. Nicht nur denen, die mir sympathisch erscheinen. Da will ich 'mal über mich hinauswachsen.

Ich habe in dem Delikatess-Laden, wo es 'all die' schönen Sachen gibt, so Döschen mit kleinen Weihnachts- und Schneemännern gekauft und die verteile ich jetzt schon seit dem Nikolaustag. Mein Chef findet diese 'Eigeninitiative' gut - mehr aber auch nicht.

„Kai, kannst du mal in die Handelsgasse fahren?" werde ich von der Zentrale gefragt.

„Na, klaaa" antworte ich und „schon gestartet – circa dreieinhalb Minuten".

Ich biege in die Handelsgasse ein und sehe vor dem neuen, schicken, modernen, hell erleuchteten, weihnachtlich geschmückten Bungalow, der zu der mir genannten Hausnummer gehört, ein 'Pärchen' stehen: einen etwa 30jähriger Mann in Jeans, gelbem Pullover und lässig umgeworfenen beigen Schal, frierend in braunen Sport-Slippern von einem Fuß auf den anderen tretend – so, als ob ihm das alles viel zu lange dauert mit einer so um die 80 Jahre alten, kleinen Frau, in dicken, schwarzen Stiefeln, drei 'Hin-und-Her-Tüten', die daneben stehen, viel zu großem, dunkelgrünen Wintermantel und einer roten Strickmütze auf dem Kopf. Sie sieht so aus, als ob sie seine Oma ist. Er macht den Eindruck, als ob es ihm irgendwie peinlich ist.

Kaum, dass ich mein Taxi zum Stehen gebracht habe, beugt sich der Mann flüchtig zur 'Oma' hinunter und schon ist er drei Schritte weg. In Richtung Haus, ohne sich noch einmal umzudrehen - was war das denn jetzt?

Ich steige aus, sage „Fröhliche Weihnachten", nehme die drei Tüten, öffne ihr die Tür zum Fond des Fahrzeugs und will die fast leeren Tüten im Kofferraum verstauen. 'Oma' steht immer noch vor dem Fahrzeug und sieht mich richtig flehend an.

„Kann ich Ihnen helfen?" frage ich. Und sie antwortet, kaum hörbar:

„Darf ich bitte vorne sitzen? Hier hinten ist es mir zu einsam."

„Natürlich", sage ich fröhlich, schließe die Tür, öffne die Beifahrertür und stütze sie beim Einsteigen. Dankbar sieht sie mich an.

Als ich hinter dem Lenkrad sitze, nennt sie mir das Fahrtziel und ich gebe ihr zwei Weihnachtsfiguren aus Schokolade. Sie betrachtet den Schneemann und den Weihnachtsmann, dreht sich zu mir und sagt lächelnd:

„Ja, ja, das ist es, was Meinen fehlt: einfach so'n büschen Herz. Danke."

Ich fahre los, ich fahre langsam. Ich glaube, sie möchte noch irgendwas sagen, nur so . . .

Doch plötzlich schluchzt sie, kramt nach einem Taschentuch und findet so schnell keins. Ich halte ihr Papiertaschentücher hin, die sie dankbar entgegen nimmt. Sie schnäuzt sich diskret und wischt sich die Tränen von den Wangen, die unaufhörlich laufen.

Wie reagiert man in so einer Situation. Ich weiß nicht, wie ich mich verhalten soll. Aber Oma rettet die Situation selbst, sie fragt:

„Weißt du was, mein Jung. Weißt du, wie weh das tut, wenn du feststellst, dass du nicht allein bist? . . . ."

Ich denke, wieso tut das weh, das tut doch gut, wenn man das weiß, doch dann fährt sie fort:

„. . . sondern ganz allein?"

Dazu fällt mir jetzt so schnell auch nichts ein und ich schweige lieber. Ich denke an meine Omi, an meine liebe Omi. An meine liebe Omi, die Alles für mich getan und gegeben hat. Ich bin bei ihr aufgewachsen. Bei meiner lieben Omi.

Etwas später redet Oma weiter:

„Da hab' ich nun drei Kinder – alle verheiratet, vier Enkel und sogar einen Urenkel (sie macht eine lange Pause) und trotzdem bin ich ganz allein. Ich passe nicht mehr zu ihnen, bin zu alt – aus einer anderen Welt. Der Opa durfte nur ein Enkelkind erleben, dann . . .- Pause -. Ohne uns würde es DIE doch alle nicht geben. (und nun wird sie sogar wütend) Was bilden die sich denn ein. Worauf bilden die sich was ein. Gut, die Enkelkinder haben studiert aber durch sie ist das Rad auch nicht rund geworden", ich muss schmunzeln und finde es bewundernswert, wie diese Frau trotz ihrer Einsamkeit dem Leben trotzt „am liebsten möchte ich jetzt sagen Scheiß drauf!! Aber das gehört sich ja nicht. Und in meinem Alter sagt man sowas schon gar nicht."

Und nun ich:

„Nee, stimmt nicht. Egal wie alt, wenn einem danach ist, muss es raus".

Und ich denke an "meine Einsamkeit". . . .

Wir sind bei Oma zu Hause angekommen. Sie gibt mir ein großzügiges Trinkgeld. Es beschämt mich. „Weil Weihnachten ist", sagt sie. Ich trage ihr die Tüten bis vor die Wohnungstür.

„Danke", sagt sie, sieht zu mir auf und wir sagen lachend, wie aus einem Mund:

„Scheiß drauf".

ZU GUTER LETZT

...... die am Anfang erzählte Geschichte "IRGENDWANN" aus der Sicht der Autorin:

Ich komme von einem Hilfseinsatz für Freunde aus Süd-Frankreich zurück. Ich habe bei dieser Arbeit zu mir selbst gefunden und durfte erfahren, dass Helfen eine gute Sache ist. Schon Benjamin Franklin hat gesagt

"Tu Anderen Gutes, das ist das Beste für dich selbst".

Er hat den Nagel auf den Kopf getroffen. Und das ist nun mein Lebensmotto geworden. Ich will - soweit es machbar ist - das Beste für mich tun.

Auch in Deutschland ist es gut warm und nachdem ich in der Taxi-Zentrale in Husum angerufen habe, dass ich am vereinbarten Treffpunkt stehe, warte ich auf das Fahrzeug, das mich abholen wird. Ich bin gespannt,

was für einen Fahrer ich diesmal *erwische*.
Ehrlich, oft sind die Fahrer übel gelaunt und
mundfaul. Und wenn nicht, lästern sie über
ihre Kollegen, die das Fahrzeug nach ihrer
Schicht nicht gereinigt oder eine defekte
Birne nicht gewechselt haben, oder ähnlich.
Diese Fahrer vermitteln mir den Eindruck,
als ob ich dankbar sein muss, von ihnen
befördert zu werden. Aber hallo, dann möchte
ich gerne sagen „Warum verkaufst du keine
Wurst" oder so.

Ich stehe im Schatten des Terminals 1 und
meine Gedanken kreisen. Scharf fährt ein
Fahrzeug an den Kantstein. Der Fahrer
springt heraus. Ein großer Schlanker, mit
Jeans und kurzärmeligem Hemd und, ja sehe
ich das richtig? Mit Krawatte, mit gelockerter
Krawatte – anders wäre es bei diesen
Temperatuten auch eine Qual. Also ein
Taxifahrer mit Stil, nicht schlecht. Er hat
mehr hellgrau als blaue, strahlende, lustige
Augen. Wieselflink hat er meinen Koffer
gegriffen und wirft mir dabei ein fröhliches
"Moin" zu. Ich öffne die Beifahrertür und

steige ein. Kaum dass der Fahrer sitzt, nennt er meine Adresse und erwähnt dabei, dass er selbst nicht weit entfernt wohnt, bestätigt mir, dass schon alles bezahlt ist und fragt mich, wo ich gerade her komme - alles in einem Atemzug. Ich schmunzle und habe das Gefühl, dass das eine interessante Fahrt wird. Ich fange an, zu erzählen .....

Und auch Kai erzählt. Von seinem bisherigen Leben und dass ihm das Taxifahren wirklich viel Freude macht.

Bei einem gemeinsamen Kaffee frage ich ihn später einmal feststellend, dass er doch sicherlich bei seinen Fahrten so einiges erlebt. Das bejaht er schmunzelnd und wir beschließen, seine erlebten Geschichten zu Papier zu bringen.

Kai hat gar nichts mit dem Aufschreiben zu tun, erzählt einfach von der Leber, was er erlebt hat und ich mache *eine Geschichte* draus, bin also so etwas wie sein *Ghostwriter*.

Und wenn ich ihm dann sein "Erzähltes" als ganze Geschichte vorlese, sagt er:

„Ja, genau SO könnte das gewesen sein! Aber die gan richtige Wahrheit behalten wir lieber für uns."

SCHLUSSWORT VON KAI

Zwischenzeitlich habe ich meinen Lebensmittelpunkt in ein anderes Bundesland verlegt. Und womit verdiene ich hier "mein Brot"? Natürlich mit Taxifahren. Und selbstverständlich am Wochenende nachts!!

Vielleicht begegnen wir uns ja auch einmal und ich erzähle eine Geschichte darüber, in der die Ähnlichkeiten mit realen Personen rein zufällig sind.

DANKSAGUNG

Wir möchten uns bei all Denen bedanken, die es ermöglicht haben, dieses Buch Wirklichkeit werden zu lassen.

Auch bei Karin, Bernhard und Karlheinz, deren Geschichten wir hier haben mit einfließen lassen.

Und natürlich auch bei Jens, der mit seinem Erlebnis post mortem zu einer Geschichte beigetragen hat. Vielleicht findet er sich ja wieder, wenn er im Himmel Langeweile hat und zu diesem Buch greift - Himmel ?!?!?
Oder doch vielleicht Hölle !?!?!
Bis dann, Jens . . . . .